Kathrin Rüegg / Werner O. Feißt

Zu Gast bei Kathrin und Werner

Kathrin Rüegg / Werner O. Feißt

Zu Gast bei Kathrin und Werner

Was die Großmutter noch wusste, Band 12

Müller Rüschlikon

Einbandgestaltung: Andreas Pflaum
Titel- u. Inhaltsfotos: Fotodesign Michael Bauer, Baden-Baden
Food-Design Claudia Bauer, Baden-Baden

ISBN 3-275-01349-1

2. Auflage 2001

Lektorat: Myrta Baumberger
Innengestaltung: PHG Lithos, 82152 Martinsried
Satz: PHG Lithos, 82152 Martinsried
Druck und Bindung: Fotolito LONGO, Bozen
Printed in Italy

Inhalt

Zu Gast bei Kathrin
Geschichten und Rezepte

Inhalt

Zu Gast bei Werner
Geschichten und Rezepte

Die Rezepte sind für 4 Personen berechnet.

Zu Gast bei Kathrin

Vorwort von Kathrin Rüegg

»Du wirst der Einsamkeit in deinem Tessin bald überdrüssig werden.«
»Mein Gott, und was machst du denn dort so allein?«»Ich denke, wir werden dich spätestens nach einem halben Jahr hier wieder auftauchen sehen! Und dann hast du mit deinen vierzig Jahren dein schönes Geschäft nicht mehr und musst irgendwie noch mal ganz von vorne anfangen.«

Das waren die eigentlich immer noch am positivsten klingenden Kommentare meiner Freunde, als ich ihnen vor bald dreißig Jahren verkündete, ich habe es nun satt, in der Stadt zu leben. Ich wollte zurück aufs Land, zurück zu Bergen, zu Natur, zu unkomplizierten Menschen. Mit einem Lebensstandard, der meiner Erziehung und meiner Weltanschauung entsprach und der ganz viel unnötigen Firlefanz einfach vergessen ließ. Ich ließ mich durch die Unkenrufe meiner Freunde aber von meinem Plan, ins Tessin zu ziehen, nicht abhalten.

Ja, ich war dann manchmal allein. Aber das war keine traurige Einsamkeit, sondern Alleinsein, das ich genoss (und das ich heute immer noch genieße, wenn ich überhaupt einmal allein bin).

Aber die meisten, die mir Übles prophezeiten, waren dann – nachdem sie von meinen Abenteuern in meinen Briefen oder in meinen ersten Büchern gelesen hatten – sehr beglückt, mich überhaupt zu kennen und infolgedessen mich besuchen zu können, denn das bedeutete ja einen Aufenthalt im Tessin. In den siebziger und achtziger Jahren war das Tessin noch das, was heute Mallorca und Ibiza für die meisten Bewohner der Alpennordseite bedeuten: Sonne, Dolce far niente, (süßes Nichtstun), südländische Küche, südländische Vegetation, kurz – Urlaub.

Und so kamen sie dann. Zuerst meist allein oder zu zweit, um zu schnuppern. Dann oft mit der ganzen Familie. Die ersten Tage Urlaub wurden – und werden meist auch jetzt noch – ausgefüllt mit Ausflügen und Bergtouren, aber dann stellen die meisten fest, dass mein Tessiner Leben eben ein bisschen anders verläuft und dass sie mich auch besuchten, um daran teilzuhaben.

Zum Dolce far niente bleibt auch mir wohl Zeit während der – manchmal sich sehr lange hinziehenden – Mahlzeiten, wenn möglich im Freien, manchmal auch zu einem Bad in meinem Schwimmbad (wieso ich ein Schwimmbad habe, wird jedem begreiflich, der mein erstes und mein zweites Buch gelesen hat). Die übrige Zeit ist je nach Witterung und Jahreszeit ausgefüllt mit verschiedenartigsten Arbeiten. Für meinen Begriff größtenteils mit vergnüglichen Arbeiten. Zum Beispiel in meinem Beeren-, Obst- und Gemüsegarten, zum Beispiel beim Einkochen von Marmeladen und Sirup, beim Herstellen von Likören, eingelegtem Käse und Tomaten, alles nicht nur für meinen eigenen Haushalt, auch für unser Ladengeschäft im Dorf.
Wir können – gutes Wetter natürlich vorausgesetzt – alle Arbeiten, die man nicht direkt am Kochherd machen muss, im Freien erledigen. Und die Ehemänner dieser mithelfenden Frauen fällen oder hacken Holz (denn ich wohne mitten im Wald), bündeln Reisig (für meinen Brotbackofen), reparieren Zäune, pflücken Holunderblüten oder - beeren, suchen Pilze, misten den Esel-, den Hühner- oder den Gänsestall, setzen Kompost um ... und die Kinder helfen dabei.

Manchmal muss ich die Bremse ziehen, damit der Arbeitseifer meiner Gäste nicht zu sehr überbordet. Und dann habe ich natürlich nicht nur Besuch meiner

alten Freunde, die sich gerne »die Freunde aus meinem früheren Leben« nennen.
Da sind auch viele Freundinnen und Freunde dabei, die aus den Kreisen meiner treuen Leser stammen. Solche, die meinen Werdegang im Tessin mit viel Interesse und Anteilnahme verfolgten, die immer wieder wissen wollten, »wie es weiterging«, sich mit eigenen Augen zu überzeugen wünschten, ob das, was ich beschrieb, auch wirklich so war.
Nach dem Beginn meiner Fernseharbeit mit Werner kamen auch noch die Zuschauer unserer Sendungen hinzu. Die wollten »live« sehen, was ihnen der Fernsehschirm schon vorgespiegelt hatte.

Und genau betrachtet kam ja auch Werner einmal als Gast in mein Haus. Er wollte ein Porträt für das Schulfernsehen über mich machen, indem er gewisse Sequenzen aus meinen damals vier Tessin-Büchern in Bilder umsetzte.

Und schließlich gibt es noch eine andere Gruppe von Gästen, die sich rekrutiert aus ehemaligen Kursteilnehmerinnen und -teilnehmern.
Es sind nun schon mehr als zwanzig Jahre, dass ich Kurse anbiete. Anfänglich bloß fürs Wollespinnen mit dem Spinnrad, dann kamen weitere textile Techniken – wie Weben, Wolle färben mit Pflanzen, Patchwork – dazu, dann Kurse für das Brotbacken, für die Mittelmeerküche, Kochkurse für Männer etc. Für die Dauer der Kurse sind wir so eine Art Pensionsbetrieb mit Familienanschluss. Auch da wollen dann viele wissen, wie bei uns ein »normaler« Arbeitstag abläuft, wollen sich bei uns aufhalten, wenn keine Kurse sind. Natürlich gibt es auch diejenigen, die es vorziehen, bei uns zwar ein Dach über dem Kopf und ein währschaftes Frühstück zu buchen, aber im Übrigen so richtig Urlaub zu machen (also eben das Dolce far niente). Die Zahl derer aber, die kommt, um mitzuhelfen, ist viel größer.

Alle diese Gäste und Mitarbeiter wollen natürlich auch verköstigt werden. Die meisten davon interessieren sich dafür, wie man hier isst – oder, präziser ausgedrückt, wie man hier früher aß (wobei unter »man« die einheimische Bevölkerung gemeint ist und nicht unbedingt das, was der Feriengast im Restaurant vorgesetzt bekommt). Zu solchen Rezepten bin ich gekommen, weil ich meinerseits Gast war bei vielen meiner Nachbarn, denen ich – wie sie mir –das zuliebe tat, was in meiner Macht stand (im Auto mitnehmen zum Arztbesuch nach Locarno zum Beispiel, oder dort Einkäufe für sie machen, oder den Hund zum Tierarzt bringen, Mieter für ihre Ferienwohnungen oder Zimmer finden, oder ... oder ...). Als Gegenleistung luden sie mich dann oft an ihren Tisch ein und verrieten mir bereitwillig ihre Rezepte. Oft sind es ganz, ganz einfach zuzubereitende Speisen und gleichzeitig solche, die erkennen lassen, wie klein früher die Auswahl an Lebensmitteln war. Man musste ja von dem leben, was man hier selbst produzieren konnte – und das war wenig genug: ein bisschen Gemüse und Salat, Kartoffeln, Roggen, Schaf-, Ziegen-, Geflügel-, Wild- und Kaninchenfleisch, aber auch Wildpflanzen wie Brennnesseln, guter Heinrich (ein Spinatersatz, der noch besser schmeckt als Spinat aus dem Garten), Nüsse, Pilze, Beeren, Kastanien.
Nicht verwunderlich, dass die Hausfrau jedes kleinste Restchen umwandelte in etwas, das dann wie eine besonders raffinierte Spezialität schmeckte. Ich denke da zum Beispiel an die Brotsuppe (Rezept auf Seite 11) und die Brottorte (Rezept auf Seite 15).
Dazu kommt, dass das Tagewerk der Frauen so arbeitsreich war, dass zur Zubereitung der Mahlzeiten ein Minimum an Zeit übrig blieb. Deshalb sind die Suppen oder Hauptgerichte meist so nahrhaft, dass ein einziger Gang genügt, um satt zu werden. Ja, ein Dessert, ein paar Früchte haben noch Platz, aber nicht mehr.
Heute ist das natürlich anders. Auch hier hat die neue Zeit Einzug gehalten, bringt der Verkaufswagen einer

großen Lebensmittelkette einmal in der Woche alles, was man braucht (und der Hausfrau das Leben leichter macht) ins Dorf. Ich wette, dass viele junge Hausfrauen die alten Rezepte kaum mehr kennen. Wie überall: die Einflüsse benachbarter Gebiete (die Lombardei, das Piemonte) sind auch hier erkennbar. Mag sein, dass das eine oder andere Rezept ursprünglich aus einem italienischen Kochbuch stammt.
Mir fällt auf, dass eigentlich ganz einfache, preiswerte Menüs hier und heute als ganz besondere Festessen genossen werden (z.B. Stockfisch oder Forelle mit Polenta). Viele meiner deutschen Freunde rümpfen die Nase, wenn Polenta zum ersten Mal auf den Tisch kommt. Manche lassen sich überzeugen, dass Polenta viel mehr ist als – wie sie sie verächtlich nennen – Hühnerfutter. Manche bleiben bei ihrer Abneigung (und lernen es deshalb nie, wie wunderbar Polenta eine würzige Sauce, z.B. von Brasato (Rinderschmorbraten) oder gebratenem Zicklein, zur Geltung bringt).
In den Jahren und Jahrzehnten, während denen ich hier also Gäste aller Art empfangen und »bekocht« habe, hat sich eine ganze Reihe von eigentlichen Standardmenüs entwickelt. Zwar nicht aufgeschrieben, sondern bloß in meinem Kopf. Höchste Zeit also, sie hier auch zu publizieren, denn die meisten Hausfrauen, von denen ich sie erhalten habe, sind in der Zwischenzeit verstorben.

Für mich ist jedes Rezept gleichzeitig auch noch eine Erinnerung an den Familientisch, an dem ich die Speise gegessen habe. Maria, die Postina, Teresina, Rosilde, die Frau von Zio Alfonso, die auch Maria hieß, Fiorente, Silvia ... Damit Sie, liebe Leserin, lieber Leser, wissen, welche Rezepte aus dem Tessin stammen: beim Titel steht dann jeweils auch der italienische Name dafür.
Maria, die Mutter meines Nachbarn Odivio, habe ich zuerst aufgeführt. Sie war die erste Bewohnerin des Dorfes (das in meinem Büchern »Froda« heißt), die ich kennen lernte und mit der mich viele Jahre lang eine herzliche Freundschaft verband.

Und jetzt also die Einladung an Sie, liebe Leserin, lieber Leser, an meinem Tisch mit anderen Gästen – wenigstens in Gedanken – Gast zu sein.

Herzlichst Ihre

Brotsuppe
Pancotto (gekochtes Brot)

2 EL Butter
1 Zwiebel, in Ringe geschnitten
1 l Fleisch- oder Gemüsebrühe
150 – 200 g altbackenes Brot, gewürfelt
2 Eigelb, zerklopft
evtl. Salz
Pfeffer
50 g Käse, gerieben

Die Butter zergehen lassen, die Zwiebelringe darin glasig dämpfen. Mit der Fleischbrühe ablöschen, die Brotwürfel beigeben. Auf kleinstem Feuer ca. 1 Std. köcheln lassen. Immer wieder umrühren. Die Eigelb in eine Schüssel geben. Einen Schöpflöffel der Brühe beigeben. Gut verrühren. Alles zurück zur Brühe gießen. Diese pfeffern und mit dem Reibkäse bestreut servieren.

Brotsuppe

Zickleinragout Tessiner Art
Capretto

800 g	*Zickleinragout mit Knochen, in mundgerechte Stücke zerteilt, trockengetupft*
4 EL	*frische Butter*
ca. 1/2 l	*trockener Weißwein*
ca. 1/2 l	*Hühner- oder Gemüsebrühe*
3	*Rosmarinzweige oder 2 TL getrocknete Rosmarinnadeln*
	Salz, Pfeffer
100 ml	*Rahm*
1 Bund	*Petersilie, fein gehackt*

Wichtig: auf kleinster Flamme kochen! Hier im Tessin gibt es viele Hausfrauen, die diese Speise nur auf dem Holzfeuer zubereiten.

Die Butter in zwei oder drei Bratpfannen (je nach Größe) zergehen lassen. Das Fleisch dazulegen und darauf achten, dass die Stücke alle den Pfannenboden berühren. Ganz sanft anbraten. Wenn alle Fleischstücke ringsum Farbe angenommen haben, mit einem Schöpflöffel Wein ablöschen. Den Wein einkochen lassen. Die Fleischstücke dabei immer wieder drehen. Einen Schöpflöffel Brühe und die Kräuter beigeben. Brühe wie vorher den Wein einkochen lassen. So fortfahren, bis alle Flüssigkeit verdampft ist. Kochzeit ca. 1 1/4 Std. Das Fleisch ist gar, wenn es sich leicht vom Knochen löst. Falls das noch nicht der Fall ist, das Fleisch in eine Kasserolle umschichten, in der nochmals etwas Butter geschmolzen worden ist. Einen Schöpflöffel Brühe beigeben. Zugedeckt ganz weich schmoren. Salzen und pfeffern, Kräuterzweige entfernen. Das Fleisch in eine vorgewärmte Schüssel füllen. Den Bratenfond aus den Bratpfannen und evtl. aus der Kasserolle zusammenschütten, den Rahm und die Petersilie beigeben. Die Sauce aufkochen, evtl. nachwürzen. Separat zu den Zickleinstücken servieren.

Polenta (siehe Rezept auf Seite 18) dazu reichen.

Brottorte
Torta di pane

300 g	*altbackenes Brot*
1 l	*Milch*
ca. 100 g	*Amaretti zerbröselt (siehe Rezept Seite 62) oder 5 Tropfen Bittermandelöl*
1	*Ei*
50 g	*Orangeat*
50 g	*Zitronat*
1	*Zitrone, Saft und Schale*
100 g	*Rosinen*
150 g	*Zucker*
2 EL	*Kakaopulver*
3 EL	*Grappa*
2 – 3	*EL Paniermehl*
2	*EL Pinienkerne*
2	*EL Zucker*

Das Brot mit der kochenden Milch übergießen. Über Nacht stehen lassen. Entweder von Hand oder mit dem Stabmixer alles ganz gut zerkleinern, sodass ein möglichst homogener Brei entsteht. Alle Zutaten außer dem Paniermehl, der zweiten Zuckerportion und den Pinienkernen dazumengen. Falls der Teig noch flüssig sein sollte (das hängt vom verwendeten Brot ab), etwas Paniermehl dazurühren.

Eine Springform von 24 cm Durchmesser ausbuttern, mit etwas Paniermehl bestreuen. Den Teig einfüllen (er wird nicht mehr aufgehen, man kann die Form also bis an den Rand füllen). Die Pinienkerne darüber streuen. Mit nassen Händen festdrücken, schließlich alles überzuckern. In den kalten Backofen stellen. 2 1/2 – 3 Std. bei 150°C backen. Im Ofen erkalten lassen.

Die Brottorte ist etwa 1 Woche haltbar. Man kann sie (am besten in Stücke geschnitten) auch tiefkühlen.

Maria

Nicht nur Kochrezepte sind es, die mich an Maria erinnern. Sie hat sich auf die wohl netteste Art ganz viele Denkmäler gesetzt. Nein, nicht nur in meinem Herzen, auch in meinem Garten, in dem viele Pflanzen stehen, die sie mir als Stecklinge schenkte. Und dann ist da noch das Kaminbänkchen, um das herum auch eine Maria-Geschichte rankt. Das Bänkchen, dessen Sitzhöhe etwa derjenigen eines Schemels entspricht, ist aus fast ungehobelten Lärchenholzbrettern zusammengefügt. Auf der einen Seite hat es eine hochgezogene Lehne, auf der andern Seite fehlt diese. Das Bänkchen stand ganz nahe beim Kamin, die Seite ohne Lehne dem Feuer zugewandt. Wie oft bin ich in Marias Wohnstube (die gleichzeitig auch als Küche diente) auf diesem Bänkchen gesessen. Maria und ihr Mann Guido hatten damals zwar schon einen Ölofen. War aber die Zeit zum Schwatzen da, dann brannte in den kalten Jahreszeiten stets auch ein Holzfeuer. Dass die Sitzhöhe des Bänkchens so niedrig war, hatte seinen Sinn: So zusammengekauert war man näher bei den Flammen, der Glut, der Wärme.

Maria und ihr Mann Guido starben kurz nacheinander. Und Odivio ließ das Haus umbauen. Es gab einen neuen, modernen Kamin, vorne verglast, damit man die Wärme besser nutzen konnte. Das Bänkchen war unnütz geworden und landete in einem Schuppen. Irgendwann bat ich Odivio um irgendein Werkzeug, er holte es aus dem Schuppen – und da entdeckte ich das Bänkchen. »Schade, dass es so unnütz da drin steht. Ich habe viele schöne Stunden lang darauf gesessen und deine Eltern haben mir dabei viel Interessantes von früher erzählt ...«
Der Sommer verging, der Herbst kam. Und am Tag vor Allerseelen fragte mich Odivio, ob ich ihm für das Grab seiner Eltern einen großen Blumenstrauß binden könne. Er arbeitete damals noch im Tal, fuhr mit dem Motorroller zur Arbeit. Auf einem Roller lassen sich Blumen schlecht transportieren. »Aber nicht, dass du meinst, mir diesen Blumenstrauß schenken zu müssen«, fügte er beinahe drohend an seine Bitte.
»Klar, mach ich doch«, antwortete ich – und plünderte den Garten rings ums Haus. Ich habe nie mehr einen schöneren Blumenstrauß gepflückt. Alle letzten Blumen fügte ich zusammen zu einem Strauß, der würdig war, das Grab von Odivios Eltern zu schmücken.

Dann brachte ich ihn zu Odivio. Der zückte seinen Geldbeutel.
»Und – was kostet das jetzt?«
»Nichts – einfach nichts«, sagte ich. »Der Strauß ist nämlich nicht für dich. Er ist für deine Eltern. Und die können mir aus der Himmlischen Kasse nichts bezahlen. Wie käme ich mir vor, wenn ich für meine Blumen einen Preis verlangen würde. Blumen, die ich für Menschen, die ich so gerne hatte, gepflückt habe.«

Odivio bedankte sich sehr, sehr unwirsch. Ich ging wieder heim, über den Fluss und den Berg hoch.

Ich war noch keine Viertelstunde zu Hause, als ich ihn auch hochkeuchen sah, das Bänkchen unter dem Arm. »Da«, sagte er barsch, »wenn du schon keine Bezahlung aus dem Himmel haben willst, dann nimm eben diese irdische Bank!« Mit einem Knall stellte er mir das Bänkchen vor die Füße und ging – irgendetwas wütend vor sich her brummend – wieder bergab.

Polenta (Mais)▶

Maisbrei
Polenta

Ich weiß es von mehreren Tessiner Restaurantbesitzern: Polenta ist bei deutschen Gästen eigentlich verpönt. Sie verlangen meist Teigwaren als Beilage, wenn eigentlich Polenta zu einer Speise gehörte. Das muss einerseits bei der älteren Generation an Kriegserinnerungen liegen; andererseits daran, dass es kaum Rezepte zur richtigen Zubereitung von Polenta und deren vielseitigen Verwendungsmöglichkeiten gibt (es sei denn, man frage eine Tessiner Hausfrau oder einen Koch).

Grundrezept

1 l Wasser
1 TL Salz
250 g Maisgrieß

Wasser und Salz aufkochen. Kochtopf vom Feuer nehmen. Maisgrieß einrieseln lassen. Umrühren. Kochtopf wieder auf die Platte stellen. Einen Kochlöffel quer über den Topf und Deckel über den Kochlöffel legen. Auf dieses Weise spritzt die aufkochende Polenta nicht. Nach einigen Minuten umrühren. Den Topf wieder abdecken. Die Polenta mindestens 3/4 Std., besser aber länger kochen. Oft umrühren. Sie setzt sich am Topfboden fest, darf sogar leicht anbrennen. Den fertigen Brei, der sehr kompakt ist, auf ein Brett stürzen und mit Hilfe eines zwischen den Händen gespannten Fadens in Scheiben schneiden. Die Polenta kann kurz vor Beendigung der Kochzeit z.B. mit 50 g Butter und/oder beliebig viel geriebenem Parmesankäse oder Sbrinz angereichert werden.

So zubereitete Polenta passt speziell gut zu Fleischgerichten mit deftiger Sauce.

Hinweis: Falls man keinen Teflon-beschichteten Kochtopf verwendet, bildet sich am Boden und am Rand eine Schicht, die sich unmittelbar nach dem Kochen nicht entfernen lässt. Man füllt den gut ausgekratzten Topf mit kaltem Wasser und lässt ihn über Nacht stehen. Danach kann man die Schicht problemlos herausheben. Sie kann noch als Suppeneinlage verwendet werden.

Gratinierte Polenta
Polenta concia

Eine Polenta nach dem Grundrezept kochen, erkalten lassen, in Scheiben schneiden.

2 EL Butter
2 EL Mehl
1/2 l Fleischbrühe
1 Prise Salz
Pfeffer
Muskat
2 EL Butter
1 Zwiebel, fein gehackt
30 g getrocknete Steinpilze, 1/4 Std. in lauwarmem Wasser eingeweicht, grob gehackt
1 EL Butter für die Auflaufform
2 EL Butter in Flöckchen

Die Butter zergehen lassen, das Mehl darin anschwitzen, mit der heißen Brühe ablöschen, evtl. nachsalzen, würzen, einige Min. köcheln lassen. Die zweite Butterportion erwärmen, die Zwiebel darin glasig dünsten. Die vorbereiteten Steinpilze zu der Zwiebel geben, einige Min. dünsten. Zur Sauce geben. Eine Auflaufform ausbuttern, die Hälfte der Polentascheiben hineinlegen, die Sauce darüber gießen, mit der zweiten Hälfte der Polenta bedecken. Mit den Butterflöckchen bestreuen.Im auf 180°C vorgeheizten Ofen 20 Min. überbacken. Einen Blattsalat dazu servieren.

Lässt sich schon am Vortag zubereiten, sodass der Auflauf nur noch gebacken werden muss.

Polenta mit Kräutern und Käse, *Matüscia*

Polenta wie im Grundrezept zubereiten. In Scheiben schneiden.

300 g Cicoria (Zichorie), junger Löwenzahn oder Spinat
einige Salbeiblätter, fein gehackt
einige Pfefferminzblätter, fein gehackt
Salz, Pfeffer, Muskat
200 g Parmesankäse oder Sbrinz, gerieben

Das Gemüse einige Min. in kochendem Salzwasser blanchieren, grob hacken, Kräuter und Gewürze beigeben. Lagenweise Polentascheiben, Kraut und Käse in eine Auflaufform mit Deckel schichten. Zuoberst muss Käse sein. Zudecken. Im auf 180°C vorgeheizten Ofen ca. 1 Std. backen.

Falls man keine Auflaufform mit Deckel besitzt: eine gewöhnliche Form verwenden und diese mit Alufolie abdecken.

Früher machte man Matüscia nach dem Brotbacken im Holzbackofen. Die Speise lässt sich gut vorbereiten.

Zabaione schwarzweiß

4 Eigelb
4 TL Zucker
4 EL trockener Weißwein
4 EL Amaretto (Bittermandel-Likör)
1 EL Schokoladepulver
einige Pfefferminzblätter

Die Eigelb mit dem Zucker, dem Weißwein und dem Amaretto im Wasserbad so lange schlagen, bis die Masse fest wird. Die Hälfte davon auf vier Dessertteller verteilen. Zur zweiten Hälfte die Schokolade mischen, zur hellen Masse geben. Mit einer Stricknadel beide Massen leicht mischen. Mit den Pfefferminzblättern dekorieren. Eine Waffel dazu servieren.

Zabaione schwarzweiß

Erna

Erna gehört in die Gästegruppe der Kursfrauen. Sie kam zuerst, weil sie spinnen lernen wollte, dann folgte im Jahr darauf das Wollefärben, dann das Weben ... Es gehört logischerweise dazu, dass im Verlauf solcher Kurse nicht nur irgendeine Technik gelernt wird. Es sind ja meist Arbeiten, die die Hände beschäftigen, bei denen man den Kopf frei hat und somit wunderbar plaudern kann. Wenn ich so denke, was im Laufe der Jahre bei mir alles besprochen und erzählt (und wie viel dabei gelacht) wurde!

Wie viele Lebensgeschichten habe ich dabei erfahren ... Und wie manche meiner jeweiligen Gäste hat festgestellt: »Meine Sorgen sind eigentlich – verglichen mit denen meiner Zimmergenossin – verschwindend klein.«
Auch Ernas Lebensgeschichte ist bemerkenswert. Sie ist ein paar Jährchen jünger als ich, in einer großen Industriestadt Deutschlands geboren. Offenbar stammt sie aus einer sehr begüterten Familie. Sie hat auch noch einen Bruder, mit dem sie zusammenlebt. Während des Krieges wurde ihr Haus zerbombt. Die Familie lebte damals aber irgendwo auf dem Land. Und – was für meine Geschichte wichtig ist – der Familienschmuck blieb erhalten.
Nach dem Krieg arbeitete sie in einer großen Maschinenfabrik als Dolmetscherin, denn sie ist sehr sprachbegabt. Dort blieb sie bis zu ihrer Pensionierung. Seither macht sie ausgedehnte Reisen durch die ganze Welt – und manchmal, eben, da verschlägt es sie auch in die hinterste Ecke des Tessins – zu mir.
Erna ist – trotz ihres Alters – wie sie selbst sagt »fit wie ein Turnschuh« (oh, wie ich sie darob beneide!). Sie mistet den Esel- wie den Hühnerstall (weiß, wie man das macht, weil sie ein eigenes Pferd hatte), sie kocht meisterlich (hat mir geholfen, die Rezepte für eines meiner Kochbücher der kleinen Kochbuchreihe auszuarbeiten), putzt Missgeschicke auf, die entstehen können, wenn wir Lämmchen im Haus aufziehen oder wenn einer unserer Hunde etwas Falsches gefressen hat, sie surrt mit dem Staubsauger wie eine Hummel durchs Haus oder pikiert Karotten oder ... Ich kenne keine Arbeit, für die Erna sich zu schade ist oder von der sie nicht wüsste, wie man sie anpackt. Und wenn ich nur einen einzigen Satz brauchen dürfte, um sie zu beschreiben: Sie ist einer der patentesten, hilfsbereitesten, liebenswürdigsten Menschen, denen ich je begegnet bin.

Aber einen Tick hat sie: der Familienschmuck!
Ich denke, das hängt mit ihren Kindheits-Kriegserinnerungen zusammen. Ihr Familienschmuck muss mit, wohin auch immer sie geht. Und ständig ist sie besorgt, dass dieser Schmuck gestohlen werden könnte. Ihre Angst vor Dieben und Einbrechern ist unbeschreiblich. Ihr Auto muss deshalb immer verriegelt, verrammelt und ringsum verschlossen sein.Und eigentlich ist da noch ein zweiter Tick: Ihr Auto, besser gesagt, eine Art schnelle Rakete. Für mich wäre das Geschoss viel zu groß, mit seinem vielen automatischen Zubehör viel zu kompliziert – ganz abgesehen davon, dass ich es nicht bezahlen könnte. Das sage ich ganz ohne Neid. Denn ich mag Erna die Freude an ihrer Rakete gönnen.
Aber bleiben wir vorerst beim Familienschmuck.
Erna fand, ich hätte unbedingt Erholung nötig (ich finde zwar, ich kann mich doch bei einer Arbeit zu Hause von der letzten Arbeit erholen).
Nach längerem Studium unzähliger Prospekte entschlossen wir uns schließlich, gemeinsam eine Woche nach Italien zu fahren. Ins Veneto. Genauer gesagt, in die Euganäischen Hügel.
»Das ist die bezauberndste Gegend, die ich überhaupt kenne«, schwärmte Erna. Und sie kennt ja sozusagen die ganze Welt!
Und ich war beleidigt, weil ich finde, bei mir daheim ist es am bezauberndsten.

»Bei dir ist die Landschaft am dramatischsten«, tröstete mich Erna. »Aber du wirst sehen, wie lieblich es dort ist. «Ja, ich musste Erna beipflichten. Es brauchte einen einzigen Blick vom Balkon des Hotelzimmers aus. So etwas hatte ich noch nie gesehen: sanfte, bewaldete Hügel im Hintergrund, auf einem Hügelgipfel eine Kirche, ein paar Häuser darum herum (später erfuhr ich, dass das eine Klosteranlage ist), eine tiefe Ebene, unterbrochen von Pappelreihen. Und im Hotelpark Pinien, Palmen und Zedern, Jasmin und Bougainvillea, Hibiskus und Plumbago – lauter Bäume, Sträucher und Blumen, die in meinem Klima zu Hause nicht gedeihen.

»... und dann können wir nach Monselice fahren zum Markt, nach Arcqua Petrarca, weißt du, dort wo Petrarca lebte, wir können Bischofspaläste besichtigen und botanische Gärten, ein Labyrinth hat es auch, und wir können nach Venedig fahren, das ist gar nicht weit und nach Verona, und ...« Erna ereiferte sich – und ich dachte, dass wir für dieses Programm mindestens einen Monat einplanen müssten, nicht nur eine Woche.

Ich packte meine Siebensachen aus. Erna beschäftigte sich im gleich nebenan liegenden Zimmer mit ihren verschiedenen Koffern – und sie kam und kam nicht, um mich wie vereinbart abzuholen.

Schließlich sah ich nach. Sie saß über eine Gebrauchsanweisung gebeugt. Die Gebrauchsanweisung, wie man den Safe im Zimmer mit einem Geheimcode programmiert. Auf dem Tisch waren etliche Schatullen, Schächtelchen und Etuis ausgebreitet.

Der Familienschmuck!

»Das ist doch ganz einfach. Du steckst eine Art Nagel oder Schlüssel hier in diese Öffnung. Das gibt einen elektrischen Kontakt. Dann tippst du irgendeine sechsstellige Geheimzahl ein. Die musst du dir natürlich gut merken. Dann schließt du die Türe. Und auf einem Bildschirm steht dann ‚closed'. Das war's. Und dein Familienschmuck ist diebes- und brandsicher aufgehoben.«

»Das war's überhaupt nicht. Ich habe das in Japan auch einmal gemacht. Und dann wusste ich die Geheimzahl nicht mehr. Frag nicht, was das für ein Theater war, weil ich anderntags abfliegen musste. Schließlich haben die einen Mechaniker kommen lassen. Und das kostete eine ganze Stange Geld, das mich heute noch reut.«

»Das würde es dich hier auch kosten. Schau, hier steht das auf der Gebrauchsanweisung. Und da steht auch noch, dass der Safe, wenn du eine falsche Geheimzahl eingibst, für eine halbe Stunde geschlossen bleibt, auch wenn dann die richtige Zahl folgt. Ach was, tu doch deinen Schmuck einfach in ein Kleiderfach und schichte deine Wäsche drauf! Lieber Gott, ich danke dir, dass ich keinen Familienschmuck hüten muss.«

»Du bist wohl nicht bei Trost. Hat es hier einen Safe und ich soll die Juwelen nicht darin versorgen ...«

»Ich hab's«, sagte ich. »Ich weiß ein prachtvolles System, damit die Geheimzahl in deinem Gedächtnis bleibt. Tippe doch das Geburtstagsdatum deines Bruders ein.«

»Nein, das tue ich nicht. Du weißt ja auch, wann mein Bruder Geburtstag hat.«

Ich nahm ihr ihr Misstrauen nicht übel.

»Na, dann halt dasjenige deiner Mutter oder meinetwegen deiner Großmutter.«

Erna begann, geheimnisvolle Zahlen einzutippen, schaute, ob ich meinerseits wegschaute, schichtete ihre diversen Schmuckbehältnisse, den Pass, den Geldbeutel und alles, was ihr wert und teuer war, in den Safe und klappte die Türe zu. ‚Closed' stand jetzt darauf.

»Jetzt ist es mir wohler«, seufzte Erna auf.

Als Erstes planten wir nun einen Ausflug auf den Markt. Wir holten ihr Auto vom Parkplatz. Eine unbarmherzige Sonne – so, wie die Sonne in Italien eben im Juli scheint – hatte den Wagen in einen Glutofen verwandelt.

»Ach, jetzt habe ich meinen Geldbeutel im Safe vergessen«, sagte Erna und stieg wieder aus. »Macht

doch nichts, dann leihe ich dir eben das, was du brauchst.«
»Nein, ich gehe ihn holen, auf diesen Märkten hat es oft so hübsche Sachen. Und dann haben wir plötzlich zu wenig Geld.« Und schon war Erna weg.
Ich saß wie einer Märtyrerin angegurtet im glühenden Ofen. ‚Klick', machte die automatische Türverriegelung, die Erna – aus Gewohnheit, weil sie ja sonst den Familienschmuck im Kofferraum immer mitführte – betätigt hatte. Ich wartete.
Und wartete und schwitzte. Ein Fenster zu öffnen war unmöglich. In meinem Auto geht das, indem man schlicht und ergreifend an einer Kurbel dreht. Hier war das eben automatisch – und wenn kein Strom da ist, funktioniert gar nichts. Weder ein Fenster noch die Türe zu öffnen, war ich imstande.
Nach einiger Zeit überkam mich Platzangst. Der Schweiß floss von mir. Ich bildete mir ein, ich bekäme auch Atemnot.
Wo – zum Teufel – blieb denn Erna?
Schließlich versuchte ich, mich irgendwie bemerkbar zu machen. Der Parkplatz war menschenleer.
Plötzlich hupte das Auto ganz selbstständig in regelmäßigen Intervallen so laut, dass mir schien, die Welt müsse über meinem Kopf zusammenfallen. Ich hatte mit meinem Rütteln an der verschlossenen Türe die Alarmanlage des Autos ausgelöst. Wer es noch nie gehört hat: Alarmanlagen von teuren Autos alarmieren die Welt in weitem Umkreis! – Aber es müsste doch ein Mensch da sein, der das hört! Sie kamen: der Portier und der Concierge, ein Gärtner. Ich versuchte, mich durch die verschlossenen Scheiben (ich denke, die waren aus Panzerglas) verständlich zu machen. Sie rüttelten von außen an der Türe. Das bestärkte die Alarmanlage in ihrer Tätigkeit.
Ich begann zu resignieren. Musste es also mein Schicksal sein, auf einem Parkplatz im Angesicht der Euganäischen Hügel mein Leben zu beenden?
Kurz bevor ich verglüht war, kam Erna atemlos angerannt, ihren Autoschlüssel in der Hand, und befreite mich aus meinem Blechkäfig.
Sie entschuldigte sich zwar keineswegs, weil sie mich eingeschlossen hatte, schimpfte mich auch nicht, weil das Auto immer noch um Hilfe schrie ... »Ich kriege den Safe nicht auf!« (Das Wort ‚verd...' saß ihr zuvorderst auf der Zunge, aber ihre gute Erziehung verbot es ihr auch in dieser Situation, es auszusprechen.)
»Aber du hast doch sicher den Geburtstag eines deiner Familienmitglieder eingegeben. Und den weißt du doch genau.«
»Offenbar habe ich einen Fehler gemacht.« »Dann lassen wir jetzt halt den Mechaniker kommen. Oder – noch gescheiter – jetzt fahren wir zuerst zum Markt.«
Nichts Markt. Was in der ganzen Woche folgte, war Horror. Erna versuchte, die Geburtsdaten ihrer Verwandtschaft mit jeweiligen Abweichungen von einer Zahl aufwärts und abwärts einzugeben. Immer mit einer halben Stunde Wartezeit.
Da unsere Zimmer im vierten Stock lagen, verbrachte sie die Wartezeit der Einfachheit halber auf dem Liegestuhl auf dem Balkon. Und ich vertrieb mir die Zeit mit Lesen im Hotelgarten. Ich muss sagen, es war genau die Erholung, die ich damals brauchte. Am vierten Tag wandte sie sich an den Hotelportier. Nun war sie so weit, dass es ihr nichts mehr ausmachte, den Mechaniker zu bezahlen.
Der Mechaniker würde sich in den nächsten zwei Tagen der Angelegenheit annehmen. Das hatte zur Folge, dass Erna nun auch während der Mahlzeiten das Zimmer nicht mehr verließ. Der Mechaniker würde ja den Safe öffnen und dann gegebenenfalls den Familienschmuck stehlen können ...
Unnötig zu sagen, dass er am zweiten Tag erst abends nach dem Nachtessen kam.
Unnötig zu sagen, wie glücklich Erna war, ihren Schmuck wieder zu haben – weil wir ja am andern Morgen wieder abreisen wollten.
Und am unnötigsten zu sagen, wie froh ich bin, dass das bisschen Familienschmuck, den ich einst besaß, mir schon vor vielen Jahren gestohlen worden ist ...

Hühnerragout
Pollo in umido

1	*Poulet, ca. 1 1/2 kg schwer, in 8 Stücke zerteilt*
	Salz, Pfeffer
4 EL	*Mehl*
2 EL	*Olivenöl*
100 g	*Rohschinken, in Streifen geschnitten*
2	*Rosmarinzweige*
1	*Salbeizweig*
1/4 l	*trockener Weißwein (Frascati)*

Das Fleisch abtupfen, mit Salz und Pfeffer einreiben, in Mehl wenden. Das Öl erhitzen, die Fleischstücke darin anbraten, die Rohschinkenstreifen und die Kräuter kurz mitbraten, dann alles mit dem Wein ablöschen. 40 – 50 Min. zugedeckt schmoren, dabei öfters mit der Sauce begießen. Vor dem Servieren die Kräuterzweige entfernen.

Kaninchenfleisch kann genau gleich zubereitet werden. Kochzeit 1 1/2 Std. Dann heißt es *Coniglio in umido.*

Hühnerragout

Maisgnocchi
Gnocchi di farina gialla

1 l	*Fleischbrühe*
250 g	*Maisgrieß*
1 EL	*Mehl*
2 EL	*Butter*
3 EL	*Parmesankäse oder Sbrinz, gerieben*
2	*Eier, zerklopft*
100 g	*Parmesankäse oder Sbrinz, gerieben*
100 ml	*Rahm*

Die Fleischbrühe aufkochen. Maisgrieß und Mehl einrühren. Wie im Grundrezept eine Polenta kochen. Etwas auskühlen lassen. Butter, Käse und die Eier darunter mischen.

Den Brei auf ein kalt abgespültes Brett streichen, erkalten lassen. Quadrate oder Kreise (mit einem Glas) ausstechen. Schuppenweise in eine bebutterte Auflaufform schichten. Mit der zweiten Käseportion bestreuen. Den Rahm darüber geben. Im auf 180°C vorgeheizten Ofen 20 Min. überbacken.

Mit Tomaten- und/oder Blattsalat ein fleischloser Festschmaus!

Maisgnocchi

Hollywood-Salat

Sauce

4 EL Rahm, Joghurt oder Quark
1 Pr. Salz
2 EL Zitronensaft
1 EL flüssiger Honig

Salat

1/2 Ananas, geschält, Strunk entfernt, in Stücke geschnitten
3 Bananen, geschält, in Rädchen geschnitten
3 Äpfel, geschält, Kerngehäuse entfernt, in Scheiben geschnitten
1 Avocado, geschält, Kern entfernt, Fruchtfleisch in Scheiben oder Würfel geschnitten
3 EL Walnüsse, grob gehackt

Garnitur

50 g Gartenkresse
1/2 Zitrone, mit der Schale in Scheiben geschnitten
1/2 Orange, mit der Schale in Scheiben geschnitten

Unbedingt zuerst die Salatsauce zubereiten: alle Zutaten miteinander mischen.
Die Früchte vorbereiten und sofort mit der Sauce vermengen.
Die Kresse auf vier Teller nestartig verteilen. Den Salat darauf anordnen; mit den Nüssen, den Zitronen- und Orangenscheiben dekorieren.

Hollywood-Salat

Horror in Distelhausen

Es mag sein, dass dieser Ort mir genau in dem Moment einfällt, wo ich von Ernas Horror schreibe, weil ich selbst dort die Momente erlebte, die mir immer noch als reinste Panik in den Knochen stecken. Wie sich für dieses Buch gehört, hat auch diese Geschichte etwas mit »Gast sein« zu tun. Der »Gast« in Distelhausen bei Tauberbischofsheim war ich. Ich war vom dortigen Katholischen Bildungswerk zu einer Lesung eingeladen worden. Eine Mitarbeiterin des Verlags, Irmgard, hatte die ganzen Abmachungen getroffen und begleitete mich nun auch auf der Reise. Wir waren während dieser Reisen längst gute Freundinnen geworden.

Sie fuhr sehr gewandt, führte einen Büchervorrat mit sich, damit sie den Buchhändlern aushelfen konnte, die von irgendeinem Titel zu wenig an Lager hatten. Meine Aufgabe war es, die Karte zu lesen.

»Du musst ja bei dieser Reiserei auch eine Daseinsberechtigung haben«, bemerkte Irmgard mit einem Augenzwinkern.

Wir sind beide sehr pünktliche Menschen und machen unsere Aufgabe so gut wie möglich.

Zum Pünktlichsein gehört auch, dass wir nach Möglichkeit vor der Lesung schon den Ort auskundschaften, wo diese stattfinden soll, unser Auto dort parken und dann in der Nähe noch etwas essen gehen.

So handelten wir auch in Distelhausen. Das Katholische Bildungswerk hat seine Räumlichkeiten direkt unterhalb der Kirche. Die Kirche selbst liegt an einem etwas abschüssigen Hang. Vor dem Hauptportal der Kirche steht eine Telefonkabine und rechts davon gibt es ein Restaurant.

Mit einigem Erstaunen stellten wir fest, dass weder beim Eingang des Bildungswerkes Licht brannte, noch dass irgendwelche Autos davor standen. Die Besucher und Besucherinnen meiner Lesungen kommen eigentlich immer sehr rechtzeitig. Und da müsste doch auch der Buchhändler da sein, der seinen Büchertisch vorbereitet.

Damals schüttelten wir beide nur verwundert den Kopf. Heute würden bei mir sämtliche Alarmglocken schrillen.

Wir gingen also ins Restaurant und ließen es uns schmecken. Denn wie so oft war der Tag so ausgefüllt gewesen mit zwei Signierstunden und zwischendurch vielen Fahrkilometern, dass wir bloß während der Fahrt ein Sandwich gegessen hatten.

Eine Viertelstunde vor Lesungsbeginn standen wir wiederum da, wo die Lesung laut Abmachung stattfinden sollte. Es brannte noch immer kein Licht und die Straße war immer noch leer.

Sehr beunruhigt waren wir auch dann noch nicht. »Ich rufe dieses Bildungswerk mal an. Dort oben steht ja eine Telefonkabine.«

Irmgard stellte für meine Reise jeweils einen praktischen Plan zusammen, der auch die Telefonnummern der entsprechenden Kontaktpersonen enthielt. Diese Kontaktperson war der Leiter des Katholischen Bildungswerks. Dort klingelte auch das Telefon ... aber niemand meldete sich. Ich durchblätterte mein Hirn. Da war doch eine Frau, die mich damals gefragt hatte, ob ich nach Tauberbischofsheim käme. Nach *Tauberbischofsheim* und nicht nach Distelhausen. Und nach weiterem Nachdenken fiel mir auch deren Namen ein: Diederich. Und dass sie nicht in Tauberbischofsheim, sondern in Lauda wohnte.

»Lieber Gott, gib, dass es nur *eine* Familie Diederich in Lauda gibt«, betete ich, während Irmgard schon im Telefonbuch blätterte.

Der liebe Gott hatte ein Einsehen.

Eine jugendliche Männerstimme meldete sich. »Meine Mutter ist leider nicht da. Sie ist bei einem Anlass in Tauberbischofsheim.«

Irmgard wollte weiterfragen, aber das Telefon war schon eingehängt worden.

»Rufen wir halt noch mal an. Gib mir noch mehr Kleingeld.«

Überflüssig zu sagen, dass weder sie noch ich auch nur noch einen einzigen Groschen im Geldbeutel hatten (oh, wie ist das doch heute, in Zeiten des Handys, schön!).
Ich ging auf die Straße, um nachzusehen, ob ich eine gütige Seele fände, die mir etwas Kleingeld eintauschen könnte. Eine einzige Frau sah ich von weitem. Ich rief sie. Sie antwortete, dass sie keine Zeit hätte, da sie zu einem Anlass müsste und schon verspätet sei. Und damit entschwand sie.
Blieb noch das Restaurant.
Da bekam ich dann meine paar Groschen, nachdem ich lange an der Theke gewartet hatte.
Irmgard telefonierte wieder nach Lauda.
Diesmal schafften wir es, in Erfahrung zu bringen, wo wir die Frau Diederich wahrscheinlich erreichen könnten.
»Sie hat aber dort sicher nicht viel Zeit für Sie. Da war nämlich eine Ausstellungseröffnung und in ein paar Minuten soll dort eine Lesung von einer Schweizer Schriftstellerin beginnen.«
»Die Schweizer Schriftstellerin sind doch wir, verdammt noch mal«, brüllte Irmgard ins Telefon. Sie hängte auf, verlangte noch mehr Groschen von mir, stellte die angegebene Nummer ein.
Aus der Ferne hörten wir die Sirene eines Polizeiautos.
In der Aufregung hatte Irmgard nun eine falsche Nummer gewählt.
Nochmaliger Versuch.
»Das ist mein letztes Kleingeld«, mahnte ich schüchtern.
Diesmal klappte es.
»Um Gottes willen, wo sind Sie denn?«, fragte die Frau Diederich. »Wir lassen Sie schon durch die Polizei suchen. Ein Auto mit einer Schweizer Nummer, haben wir denen erklärt.«
Sie beschrieb uns den Weg zum neuen Lesungsort. Es war gar nicht weit.
Sie wartete verzweifelt an einer Kurve auf uns und fiel mir vor Erleichterung gleich mal um den Hals.
Und nun klärte sich der ganze Horror auf: Die Lesung hatte an den andern Ort verschoben werden müssen, weil sich zu viele Leute angemeldet hatten. Allen hatte man das mitgeteilt, nur uns hatten sie vergessen.
Unnötig zu sagen, dass ich mich seither immer rechtzeitig nochmals mit den Organisatoren eines Anlasses in Verbindung setze.

Provençalischer Salat

- 2 *Knoblauchzehen*
- 4 EL *Olivenöl*
- 2 EL *Weißweinessig*
- 1 *mittelgroße Tomate, geschält*
  Salz, weißer Pfeffer
- 1 *kleiner Kopf- oder Endiviensalat*
- 4 *Tomaten, in Scheiben geschnitten*
- 1 *grüne Paprikaschote*
- 1 *gelbe Paprikaschote, Stielansatz entfernt, halbiert, Kerngehäuse entfernt, in Streifen geschnitten*
- 1 *Gurke, in Scheiben geschnitten*
- 2 *Eier, hart gekocht, geviertelt*
- 1 *Zwiebel, in Ringe geschnitten*
- 12 *Sardellenfilets aus dem Salz*
- 4 EL *schwarze Oliven*

Provençalischer Salat

Knoblauch, Öl, Essig und Tomate im Mixer fein pürieren, würzen.

Die restlichen Zutaten in der angegebenen Reihenfolge auf einer Platte anordnen, mit der Sauce beträufeln, sofort mit Baguette-Brot servieren.

Gebratenes Kaninchen
Coniglio al forno

- 1 *Kaninchen, ca. 1 1/2 kg schwer, in Stücke geschnitten*
  Salz, Pfeffer
- 150 g *Pancetta, in Streifen geschnitten (Pancetta = gerollter durchzogener Speck, Ersatz: Speckwürfel)*
- 2 EL *Butterfett*
- 1 *Zwiebel, besteckt mit 1 Lorbeerblatt, 1 Gewürznelke*
- 1 *Rosmarinzweig*
- 1 EL *Thymianblätter*
- 1 *Salbeiblatt*
- 1/4 l *Nostrano oder Merlot*
- 1/4 l *Fleischbrühe*
- 30 g *getrocknete Steinpilze*
- 1 *Kaninchenleber, gehackt*
- 100 ml *Rahm*

Das Fleisch salzen und pfeffern. Den Speck in einer Kasserolle etwas auslassen, das Butterfett beigeben, erhitzen. Das Fleisch darin anbraten, die Zwiebel und die Gewürze kurz mitdämpfen, mit dem Wein ablöschen. Die Kasserolle in den auf 200°C vorgeheizten Ofen schieben. Zugedeckt 1 Std. braten,

Gebratenes Kaninchen

dabei kontrollieren, dass immer Flüssigkeit vorhanden ist. Evtl. etwas Fleischbrühe beigeben. Die Pilze 1/4 Std. in lauwarmem Wasser einweichen, evtl. zerschneiden und zum Fleisch geben. Restliche Fleischbrühe dazugießen. Abgedeckt weitere 20 Min. braten. Die Kaninchenleber mit dem Rahm gut vermengen (Stabmixer). Die gebratenen Fleischstücke auf eine vorgewärmte Schüssel legen. Den Rahm zur Sauce geben, alles nochmals heiß werden lassen (aber nicht kochen!), evtl. nachwürzen und über das Fleisch anrichten.

Und was man dazu isst? Natürlich Polenta. Aber auch Kartoffelpüree oder Salzkartoffeln schmecken gut.

Holunderblütentorte
Torta di fiori di sambuco

200 g	*Butter*
240 g	*Zucker*
1/2 TL	*Salz*
2	*Eier, zerklopft*
4	*Hand voll frische Holunderblüten, vom Stiel abgezupft oder*
2	*Hand voll getrocknete Holunderblüten*
360 g	*feiner Maisgrieß*
300 g	*Weißmehl*
1	*Briefchen Backpulver*
ca. 200 ml	*Milch*

Den Backofen auf 180°C vorheizen. Butter und Zucker schaumig rühren. Salz, Eier und Blüten dazurühren, zuerst den Maisgrieß beigeben, unterrühren, dann Mehl und Backpulver miteinander vermischt darüber sieben. Löffelweise so viel Milch dazuarbeiten, dass ein geschmeidiger Teig entsteht. In eine ausgebutterte Springform von 28 cm Durchmesser füllen. 3/4 Std. backen.

Es entsteht eine Art Sandtorte, die mit Kaffee oder Wein serviert wird
Falls man frische Holunderblüten zur Verfügung hat, eine Hand voll vor dem Servieren über die Torte streuen.

Geheimrezept: Die Torte vor dem Zerschneiden mit verdünntem Holunderblütensirup oder mit Ratafià (Likör aus grünen Walnüssen) beträufeln.

Onkel Arthur

In einem Bericht, der »Gäste« zum Thema hat, darf mein Onkel Arthur keinesfalls fehlen.

Er ist zwar schon seit vielen Jahren tot. Doch so wie Maria durch ihre vielen Blumen und das Kaminbänkchen immer noch gegenwärtig ist, so ist es Onkel Arthur jedesmal, wenn ein Schmetterling vor mir her und um mich herum fliegt.
Eigentlich sollte ich es gar niemandem verraten: Hier gibt es immer noch Schmetterlinge. Vielfältige Arten von Schmetterlingen. Und hier und da kommt es vor, dass ich erst im Buch nachsehen muss, was denn das nun wieder für einer war, weil ich ihn bisher noch nie gesehen habe.
Schachbrettfalter, große und kleine Bären, Zitronenfalter, Trauermantel, Schillerfalter, Apollo, Bläulinge, Blutströpfchen – Wolfsmilchschwärmer ..., zu meinem Leidwesen auch Kohlweißlinge, deren Raupen wir dann mühsam von den Kohlpflänzchen entfernen.
Onkel Arthur war eifriger Schmetterlingsjäger. Nicht, dass er sie getötet hätte. Er schaute sie sich an, freute sich an ihnen, suchte eifrig im Buch, das er schließlich mir hinterlassen hat, und war mächtig stolz, wenn er wiederum eine Art hatte bestimmen können. Ich versuche es auch, Schmetterlinge anzulocken, indem ich ein Stück Appenzeller Käse auf dem Tisch im Hof stehen lasse. Schiller- und Trauerfalter mögen diesen Käse besonders gern und sind von seinem Geruch so angetan, dass sie sich auf dem Käsestück niederlassen. Nur: meine Katzen kommen meinen Absichten immer zuvor und stehlen, sobald ich ihnen den Rücken kehre, den Käse vom Tisch – und meine Schmetterlings-Bestimmungs-Absichten sind wieder einmal zunichte gemacht.
Aber Onkel Arthur wäre deswegen auch nicht böse gewesen, mochte er doch Katzen genau so gerne oder noch lieber als Schmetterlinge.
Viele meiner Leser fragen immer wieder nach Onkel Arthur.
Er ist schon seit vielen Jahren tot.
Aber natürlich kochen wir immer noch seine Marmelade aus grünen Tomaten. Sie ist nach wie vor einer der Renner in meinem Ladengeschäft.
»Was ist denn da drin, in dieser ‚Vera Marmellata del Monte Valdo'?«, höre ich meine Ladenkunden oft fragen.
Dann weiß ich, dass sie meine Bücher noch nicht kennen. Und anstelle einer mündlichen Erklärung gebe ich ihnen meinen ersten Tagebuchband, die ‚Kleine Welt im Tessin' in die Hand, beim Kapitel über Onkel Arthurs Konfitüre aufgeschlagen. Und jedesmal schicke ich auch einen kleinen Gruß an meinen Onkel, der vielleicht jetzt gerade auf Wolke sieben sitzt und verschmitzt auf mich herunterschaut. Vielleicht sitzt auch ein Schmetterling auf seiner Hand.

Rührei mit Tomaten

Rührei mit Tomaten
Frittata con pomodori

2 EL Butter
1 Zwiebel, fein gehackt
1 Knoblauchzehe, gepresst
4 Tomaten, geschält, in Schnitze zerteilt
4 Eier, zerklopft
Salz, Pfeffer
2 EL Schnittlauch oder Petersilie, fein gehackt

Die Butter zergehen lassen, Zwiebel und Knoblauch darin dämpfen, die Tomaten beigeben, 1/4 Std. köcheln lassen. Die Eimasse würzen, beigeben. Alles durchrühren. Mit der Petersilie bestreut servieren, sobald das Ei gestockt ist.

Rührei mit Brennnesseln
Frittata alle ortiche

200 g Brennnesselspitzen, d.h. das vorderste Blattbüschel von jungen Brennnesseln
4 Eier
4 Eischalenhälften Wasser
4 EL Parmesankäse oder Sbrinz, gerieben
Salz, Pfeffer
2 EL Butter

Die Brennnesseln einige Min. in kochendem Wasser blanchieren, ausdrücken, auf einem Brett hacken. Mit den Eiern, Wasser und Käse mischen, würzen. Die Butter in einer Bratpfanne zergehen lassen, die Eimasse beigeben. Die am Pfannenrand gestockte Masse zur Mitte hin rühren. Sofort servieren.

Marinierte Fische
Pesce in carpione

3 EL Öl
1 Zweig Rosmarin
1 Zweig Salbei
4 Felchen oder Forellen
3 EL Mehl
1 Zwiebel, grob gehackt
1 Karotte, in Rädchen geschnitten
1 Lauchstängel, in Streifen geschnitten
1 Bund Petersilie, grob geschnitten
1 Knoblauchzehe
Salz, Pfeffer
1 TL Zucker
400 ml guter Rotweinessig
350 ml trockener Weißwein

Das Öl erhitzen, die Kräuterzweige darin einige Min. braten. Entfernen. Die Fische im Mehl wenden, ins Öl geben. Beidseitig knusprig braten. Die Gräten (und evtl. die Haut) sorgfältig entfernen. Die Filets in eine tiefe Schüssel legen. Im verbliebenen Öl die Gemüse dämpfen, würzen, mit Essig und Wein ablöschen, 1/4 Std. köcheln lassen. Diese Marinade über die Fische gießen, kalt stellen und frühestens nach einem Tag servieren. Die Fische sind so zwei Wochen lang haltbar. Man serviert sie mit der Marinade und reicht Bauernbrot dazu.

Es ist zwar nicht ganz stilecht, aber mir schmeckt ein Glas Bier dazu am besten.

Marinierte Fische

Himbeer-Birnen

1/2 l	*trockener Rosé-Wein*
6 EL	*Zucker*
	Schale einer halben Zitrone, in Streifen
1 EL	*Zitronensaft*
1 kg	*Birnen, möglichst gleich groß, geschält, halbiert*
350 g	*Himbeeren*
1 Glas	*Himbeergeist*

Wein, Zucker, Zitronenschale und -Saft miteinander aufkochen. Die Birnenhälften in den kochenden Sirup legen, 20 Min. köcheln lassen. Sie müssen leicht durchscheinend werden. Die Birnen etwas abtropfen lassen und in eine Dessertschale legen. Die Hälfte der Himbeeren durch ein feines Tuch seihen, diesen Saft zum Kochsaft der Birnen geben, die Zitronenschale entfernen. Um 1/3 einkochen lassen. Vom Feuer nehmen, den Himbeergeist dazugeben, über die Birnen gießen, kalt stellen. Löffelbiskuits dazu servieren und denselben Rosé-Wein.

Himbeer-Birnen

Margrit

Das Bücherschreiben hat (manchmal) einen riesigen Vorteil: Alte Bekannte, die ich aus den Augen verloren, von denen ich seit Jahrzehnten nichts mehr gehört habe, denen ich auch nicht mitgeteilt hatte, dass ich nun im Tessin lebe, finden mich wieder. Sie schreiben meist an den Verlag und bitten dort, ihren Brief an mich weiterzuleiten. Ich habe aber auch schon Briefe bekommen mit der Adresse »Kathrin Rüegg, irgendwo im Tessin, Schweiz«.

Margrit suchte den Weg zu mir über den Verlag. Und dass sie, ausgerechnet sie, mich wieder gefunden hat, ist einer meiner großen Glücksfälle.

Margrit ist nämlich wohl die einzige noch lebende Person, die mich mit der Zeit meiner Kindheit, meiner frühen Kindheit verbindet. Sie kam – das muss etliche Jahre vor Beginn des zweiten Weltkrieges gewesen sein – als Dienstmädchen in mein Elternhaus in Arosa (wir hatten einerseits ein Hotel und waren aber andererseits immer noch ein Bauernbetrieb, so wie es damals etliche gab).

Margrit kommt aus dem Thurgau (die Gegend in der Schweiz, wo am meisten Äpfel gepflanzt werden. Deshalb heißt der Thurgau auch »Mostindien« ...). Ihre Eltern waren Bauern. Sie hatte mehrere Geschwister. Und damals war es absolut üblich, dass während des Winters die Hände, die auf dem Bauernhof nicht dringend gebraucht wurden, ihr Brot anderswo verdienten. Bei Margrit habe ich natürlich auch den Thurgauer Dialekt sprechen gelernt, den ich heute spaßeshalber bei bestimmten Gelegenheiten immer noch mit großem Vergnügen anwende.

Nun bekam ich also durch Vermittlung des Verlags ihren Brief. Sie hatte einen Bauern geheiratet, ihr Sohn war auch Bauer geworden, hatte den Hof übernommen. Und nun, verwitwet, hat sie im Haus ihres Sohnes eine kleine Wohnung und hilft auch weiterhin mit auf dem Hof.

Und eine Leidenschaft hat sie: Mofa fahren. Als sie mich dann zum ersten Mal besuchte, erfuhr ich all diese Details. Anfügen muss ich natürlich noch, dass sie damals kurz vor ihrem achtzigsten Geburtstag stand.

Als sie dann bei mir war – ach wie schön war es, von den alten Zeiten in Arosa zu reden, in Erinnerungen zu schwelgen.

»Weißt du noch ...?«

Ich wollte sie verwöhnen, so wie sie mich als kleines Kind verwöhnt hatte, so wie ich meine Mutter verwöhnen würde, wenn ich sie noch hätte.

Diesen Plan musste ich aber postwendend wieder aufgeben: Margrit war wieder in die Rolle des Dienstmädchens geschlüpft. Sie behandelte mich mit dem Respekt, den sie meiner Großmutter und meinen Eltern entgegengebracht hatte, verlangte von mir Weisungen, was sie zu tun hätte und gönnte sich kaum eine Kaffeepause.

Als ich ihr sagte, nun fiele mir überhaupt nichts mehr ein, was sie tun könne, zerlegte sie in meinem Wohnzimmer unser Büchergestell. Das besteht im Prinzip aus längs laufenden Leitern und quer zu legenden Tablaren (ich möchte gerne wissen, wie viele meiner Leserinnen und Leser jetzt sagen, dass es dasselbe ist, das auch in ihrem Wohnzimmer steht. Dasjenige eines schwedischen Einrichtungshauses ...).

Margrit waren solche Details unwichtig. Für sie war der Staub wichtig, der sich – zugegeben – während ziemlich langer Zeit angesammelt hatte. Der musste gründlich gewischt werden.

Im Gestell lagern so etwa vierhundert Bücher – schön nach Themen sortiert, sodass ich jedes gewünschte Buch blindlings herausziehen kann –, ebenso viele Videokassetten, Schallplatten und CDs, sind Fernseher mit Receiver und Lautsprechern, Videoapparat, CD-Spieler und Plattenspieler, Telefonanschluss und -beantworter eingebaut. Sowohl Bücher als der übrige Inhalt des Gestells wurden nun also rücksichtslos auseinander gerissen, tüchtig abgestaubt, abgesaugt, gefegt, gebürstet, mit Politur behandelt ...

Nur mit dem Einräumen haperte es.
Irgendwie hatte der Fernseher plötzlich keinen Platz mehr. Reden wir lieber von etwas anderem als den Mühen, bis alle diese Apparate wieder eingebaut waren und jeder Stecker wieder in der zu ihm gehörenden Steckdose versorgt war. Über die Qual des Einordnens der Bücher lege ich lieber ein Tuch des Schweigens.
Noch Monate später suchte ich zum Beispiel mein französisches Wörterbuch – das ich dann schließlich bei den Heimatbüchern aus dem Schwabenland fand.
Und Haydns Trompetenkonzert, das wir uns gerne am Sonntagmorgen beim Frühstück anhören, war zwischen die Appenzeller Streichmusik und Joanas Lieder von Tristan und Isolde geraten.

Ich aber hatte nun gelernt, mir Arbeiten für Margrit sozusagen auf Vorrat anzulegen. Solche, die man einem fleißigen Menschen zumuten darf, der mehr als achtzig Jahre alt ist.

»Papperlapapp, von wegen alt«, schimpfte sie, zog sich Gummistiefel an und eine alte Schürze und half während des ganzen Nachmittags den übrigen Mitarbeitern, Brennnesseln auf der Weide auszureißen.
Bei glühender Sonne, notabene.
Ich stehe hoch in Margrits Bewunderung, weil ich beim Fernsehen arbeite. Sie wird es nicht müde, Videokassetten von alten Sendungen anzusehen. Aber – bitte – nur am Abend. »Während des Tages muss ich arbeiten.«
Einer meiner vielen Freunde, begeisterter Hobby-Filmer, drehte einen Filmbericht über all unsere Arbeiten im Laufe eines Jahres. Auch Margrit spielt dabei ihre wichtige Rolle.
Zu ihrem fünfundachtzigsten Geburtstag schenkte er ihr eine solche Kassette.
»Denk dir, ich bin jetzt auch im Fernsehen aufgetreten«, erzählte sie mir ein paar Tage später am Telefon. Ich sah sie förmlich vor mir mit stolzgeschwellter Brust.
Auch jetzt, vor ein paar Tagen, haben wir miteinander telefoniert. Denn zu mir kommen will sie nur, wenn das ganze Haus voller Leute ist. Je mehr, desto lieber. Sie mag Betrieb. Und das war dieses Jahr noch nicht der Fall.
»Ich werde alt ...«, klagte sie.
»Mit dem Traktor fahren kann ich nicht mehr den ganzen Tag lang. Äpfel pflücken, das geht noch – und meine Ausflüge mit dem Mofa genieße ich immer noch.«
Ach Margrit, wie schön und tröstlich ist es doch zu wissen, dass es auch noch Menschen deiner Art auf unserer Welt gibt – denn manchmal habe ich Angst, dass sie vom Aussterben bedroht sind wie manche Tierarten, und ich stelle besorgt fest, dass in den jüngeren Generationen immer weniger von ihnen anzutreffen sind.
Zum Glück doch viele davon in meinem Haus!

Tomatensuppe
Minestra di pomodori

2 EL Butter
1 Knoblauchzehe
2 EL Mehl
1 l Hühnerbrühe
5 EL Tomatenmark oder 4 frische Tomaten, geschält, zerschnitten
evtl. Salz
Pfeffer
4 EL Rahm, leicht geschlagen
2 EL gehackter Schnittlauch

Die Butter zergehen lassen, die gepresste Knoblauchzehe hellbraun dämpfen, das Mehl beigeben, alles gut vermengen. Mit der heißen Brühe (wenn sie heiß ist, klumpt das Mehl weniger) ablöschen. Das Tomatenmark oder -mus darunter rühren. 20 Min. köcheln lassen, würzen. Die Suppe in Teller anrichten. Auf jeden Teller 1 EL Rahm geben; wenn man es ganz schön machen will, verzieht man den Rahmklecks mit Hilfe eines Löffelstiels, z.B. in Form eines Windrades. Und schließlich streut man den Schnittlauch darüber.

Tomatensuppe

Risotto mit Kürbis
Risotto con zucca

1 EL Butter
1 EL Öl
1 Zwiebel, fein gehackt
1 kg Kürbisschnitzel, grob geraffelt (z.B. mit der Röstiraffel)
300 g italienischer Reis (Arborio)
ca. 1 l Fleischbrühe
Salz, Pfeffer
50 g Butter
2 EL Petersilie, fein gehackt
100 g Parmesankäse oder Sbrinz, gerieben

Die Butter und das Öl warm werden lassen, die Zwiebel darin glasig dünsten, die Kürbisschnitzel beigeben, alles ca. 1/4 Std. dämpfen. Den Reis beigeben, durchdämpfen, nach und nach die kochende Fleischbrühe schöpfkellenweise beigeben, jedesmal alles gut durchrühren. Kochzeit 18 Min. Der Risotto muss schließlich eine breiartige Konsistenz haben (evtl. braucht es weniger Fleischbrühe). Würzen, die Petersilie und die Butter dazurühren. Den Kochtopf vom Feuer nehmen, den Käse beigeben. 5 Min. zugedeckt stehen lassen.

Anstelle von Kürbis kann man auch geschälte, zerteilte Tomaten oder Grünspargel, in 3 cm lange Stücke geschnitten, nehmen. Zugabe der Fleischbrühe: Die Menge variiert je nach Feuchtigkeitsgehalt des Gemüses. Evtl. braucht es weniger.

Risotto mit Kürbis

Grießauflauf mit Kirschen oder Johannisbeeren

1/2 l Milch
1 Prise Salz
100 g Grieß
75 g Butter, Raumtemperatur
2 EL Zucker
4 Eigelb
abgeriebene Schale einer halben Zitrone
4 Eiweiß, steif geschlagen
500 g Kirschen, entsteint, oder 500 g Johannisbeeren, entstielt
2 EL Zucker

Die Milch mit dem Salz aufkochen, den Grieß einrieseln lassen, rühren. 1/4 Std. auf der ausgeschalteten Kochplatte stehen lassen, ab und zu rühren.

Butter und Zucker schaumig rühren, die Eigelb, dann die Zitronenschale beigeben. Diese Masse unter den warmen Grießbrei mischen. Die Eiweiß darunter heben. Abwechslungsweise mit den Früchten in eine bebutterte Auflaufform schichten. (Einige schöne Früchte zurückbehalten, die mit dem Zucker bestreut werden). Die oberste Schicht muss Grießbrei sein. Im auf 220°C vorgeheizten Backofen 1/2 Std. backen. Vor dem Servieren die zurückbehaltenen Früchte darüber streuen. Vanillesauce oder flüssigen Rahm dazu servieren.

Grießauflauf mit Kirschen

Andrea

Wenn ich an Andrea denke, fällt mir unwillkürlich ein Reh ein, ein schmales, zartes Reh.

Aber was für eine Energie, wie viel geballte Kraft, Fleiß, Interesse, Aufmerksamkeit und – ganz seltsam für einen so jungen Menschen – wie viel instinktive Menschenkenntnis stecken in ihr, dem blonden, hoch aufgeschossenen Mädchen mit dem zurückgebundenen Haar.
Zum ersten Mal kam sie zu mir, als sie knapp vierzehn Jahre alt war. In den Sommerferien. Zu der Zeit, wo wir alle Hände voll zu tun haben. Damals mussten wir noch auf einem eine gute halbe Wegstunde entfernten Feld Heu machen. Aus irgendwelchen Gründen war es nicht möglich, das Heu vor dem Nachtessen einzubringen. So gingen Marlene, die mir damals eine große Hilfe war, und Andrea nochmals dorthin, um das Heu aufzuhäufen, damit es am nächsten Morgen nicht vom Tau genässt würde.
Die beiden kamen und kamen nicht mehr. Nach halb zehn Uhr, nachdem ich eine Suchmannschaft ausgeschickt hatte, kamen Heuerinnen und Suchmannschaft singend und lachend heim: sie hatten sich unterwegs getroffen. Und die beiden hatten – »weil das Heu schon so schön trocken war« – das ganze Heu dort in einen Stall gebracht.
Mit leeren Worten tönt das nicht nach gewaltiger Knochenarbeit. Wenn man aber weiß, dass dafür normalerweise mindestens die doppelte Mannschaft nötig gewesen wäre und dass Andrea noch zu den Kindern, also zu einer halben Arbeitskraft, gezählt werden sollte, dann schätzt man die Arbeit der beiden so, wie ich es tue.
Andrea muss eine ausgezeichnete Lehrerin gehabt haben. Sie war schon bei ihrem ersten Aufenthalt imstande, ohne fremde Hilfe tadelloses Brot aus zwei Kilogramm Mehl zu backen. Dafür bekam sie dann die Aufgabe, Brote, die für die Abbildungen in meinem Brotbackbuch vorgesehen waren, zu backen. »Mein erstes Brot« hat sie gemacht und das – nicht ganz leicht zu formende – »Verzasca-Kastanienbrot« und den Butterzopf. Und im Frühling darauf kam sie dann zu mir, um ein ganzes Jahr als Praktikantin zu absolvieren.

So einfach und gleichzeitig so vergnügt habe ich nie mehr ein Jahr verlebt.
Andrea war äußerst zuverlässig. Sie pflegte die Tiere so, wie wohl viele Kinder nicht gepflegt werden. Und damals hatte ich noch Milchschafe, die gemolken, auf die Weide geführt, deren Lämmchen artgerecht aufgezogen werden mussten. Sie hatte ein angeborenes Talent, ihre Arbeit so einzuteilen, dass sie auch ein riesiges Programm mit links bewältigte. Und da war der Garten, den sie unaufgefordert goss, wenn das nötig war, Unkraut jätete, mein Haus – ein großes Haus – sauber hielt und, ja, in den Laden wollte sie natürlich auch. Der Umgang mit Leuten mache ihr Spaß. Unnötig zu sagen, dass sie das Geschäft blitzsauber hielt, die Käsetheke abends sorgfältig reinigte und die Laibe mit feuchten Tüchern zudeckte – und auch unnötig zu sagen, dass ihre Kassenabrechnungen tadellos waren.
Andrea wollte Tierarztgehilfin werden. (Sie ist es auch geworden.) Ich weiß, dass sie ihren Weg im Leben machen wird.
Als sie im nächsten Frühjahr von ihren Eltern abgeholt wurde – ihre Praktikumszeit war vorbei –, war ich tieftraurig. Ein solches Goldstück würde ich in meinem Leben wohl nie mehr finden. Ein Menschlein, das in Bezug auf Arbeit ebenso glänzte wie mit seinem Charakter: fröhlich, stets zu einem Spaß aufgelegt, zuvorkommend gegenüber allen ...
Ein Goldstück, das mir den Glauben an jüngere Generationen wieder zurückgegeben hat.

Kuttelsuppe (Kaldaunensuppe) *Busecca*

150 g Borlotti- oder andere weiße getrocknete Bohnen
3 EL eingesottene Butter (Butterfett)
1 große Zwiebel, in Ringe geschnitten
1 Knoblauchzehe, gepresst
2 Karotten, in Ringe geschnitten
1 Lauchstängel, in Streifen geschnitten
1/4 Sellerieknolle, in Scheiben geschnitten
1/4 Weißkohl, in Streifen geschnitten
1 kleiner Blumenkohl, in Röschen zerzupft
3 EL Tomatenmark oder 3 Tomaten, in Schnitze zerteilt
500 g Kutteln (Kaldaunen), vom Metzger vorgekocht, in Streifen geschnitten
1 1/2 l Fleischbrühe
2 Kartoffeln, gewürfelt
1 Hand voll italienischer Reis
1/4 l Merlot oder Nostrano oder anderer trockener Rotwein
evtl. Salz
Pfeffer
100 g Parmesankäse oder Sbrinz, gerieben

Die Bohnen über Nacht einweichen. Das Einweichwasser abschütten. Die Butter zergehen lassen, Zwiebel und Knoblauch darin schwenken, dann nach und nach die übrigen Gemüse, die Bohnen und zuletzt die Kutteln beigeben. Durchdämpfen. Mit der Fleischbrühe ablöschen. 2 Std. köcheln lassen. Evtl. noch etwas Brühe beigeben. Kartoffeln und Reis dazugeben. Nochmals 1/2 Std. kochen, den Wein beigeben, würzen. Den Käse separat dazu servieren.

Dazu gehört ein Stück kräftiges Bauernbrot. Anschließend reiche ich nur noch einen Salat und/oder ein leichtes Dessert.

Kuttelsuppe

Gratinierter Blattspinat
Spinaci alle noci

2 EL	*Butter*
1	*Zwiebel, grob gehackt*
800 g	*Spinatblätter*
2 EL	*Petersilie, fein gehackt*
1 EL	*Basilikum, fein gehackt*
1 TL	*Majoran, fein gehackt*
1 EL	*Zitronensaft*
	Salz, Pfeffer
2	*Hand voll Nüsse (Haselnüsse oder Walnüsse), grob gehackt*
100 g	*Parmesankäse oder Sbrinz, gerieben*
50 g	*Butter in Flöckchen*

Die Butter zergehen lassen, die Zwiebel darin glasig dämpfen. Die abgetropften Spinatblätter kurz durchdämpfen. Die Blätter auf ein Brett legen und mit einem großen Messer grob hacken. Zurück in den Kochtopf geben. Kräuter und Zitronensaft beigeben, würzen, nochmals durchdämpfen. Die Nüsse und den Käse unterziehen, würzen. Mit den Butterflöckchen bestreuen. Im auf 180°C vorgeheizten Ofen 1/4 Std. gratinieren.

Gratinierter Blattspinat

Feigen an Karamellsauce
Ficchi caramellati

200 g	*Zucker*
1 EL	*Wasser*
100 ml	*kochendes Wasser*
2 EL	*Zitronensaft*
1 EL	*Butter*
8	*frische, ganz belassene Feigen*
1 cm	*einer Zimtstange*
100 ml	*Rahm*

Den Zucker und das Wasser in einem Pfännchen erhitzen und – ohne umzurühren – hellbraun karamellisieren. Das kochende Wasser dazugießen (Achtung: wenn das Wasser nicht kochend heiß ist, spritzt der Karamell – Verbrennungsgefahr für die Hände!), danach den Zitronensaft und die Butter beigeben. Die Fruchtteile und den Zimt dazulegen und alles zugedeckt ca. _ Std. köcheln. Die Früchte in einer Dessertschale anrichten. Das Zimtstück entfernen. Die Hälfte der Sauce über die Früchte verteilen.

Den Rahm steif schlagen und häufchenweise über die Früchte geben, den Rest der Sauce im Faden über den Rahm träufeln.

Ersatz für die Feigen: geschälte Birnen, je nach Größe halbiert oder in Schnitze zerteilt.

Feigen an Karamellsauce

Horst

Andrea hat auch ein männliches Gegenstück: den Horst. Auch er kam ursprünglich als Gast zu mir. Genauer gesagt, als Kursteilnehmer. Seine Mutter, die Helga, war schon im Jahr zuvor zu einem Kurs bei mir gewesen und fand, sie müsse nun auch ihren Sohn mitnehmen.

Der arme Horst! Es war ein so genannter »Kastanienkurs«. Da wird unter der Leitung von Hanni (auch eine ehemalige Kursfrau, die mittlerweile das Tal wie ihre Tasche kennt) vorerst einmal gewandert. Dann, wenn die Kastanien reif sind. Heute darf man Kastanien überall sammeln (das war früher verboten, denn die Kastanienbäume gehören ja irgendjemandem, dem man die Kastanien dann eben stahl, wenn man sie auflas und mitnahm). Aber wer sucht denn heute noch Kastanien, wenn nicht die Teilnehmerinnen eines Kastanienkurses oder vielleicht andere Touristen, denen das Spaß macht. Sind genug Kastanien gesammelt, geht nur noch die eine Hälfte der Kursmitglieder sammeln. Die andere bleibt zu Hause und lernt, was man alles aus Kastanien machen kann.
Ganz vieles nämlich: Kastanienbrot, etliche verschiedene Kastaniendesserts, Kastaniensuppe, Kastanien als Gemüse, glasierte Kastanien als Beilage zu Schweinebraten, Marrons glacés. Letzteres Rezept wiederum interessiert alle Kursteilnehmerinnen besonders, die die »Kleine Welt im Tessin« kennen.
Acht Frauen hatten sich damals angemeldet – und ein Mann – eben der Horst!

Ich weiß das genaue Alter meiner Kursteilnehmer ja nicht. Aber Horst tat mir doch etwas Leid. Er musste – als Helgas Sohn – so gegen dreißig Jahre alt sein. Und meine Kursteilnehmerinnen waren alle mindestens in Helgas Alter. Ob der sich unter all diesen Frauen wohl fühlen würde?

Zugegeben, am ersten Abend (wir treffen uns immer im Ristorante Froda zum Kennenlernen und zum Nachtessen) war er etwas scheu.
Das hat sich aber ganz schnell verloren.
Natürlich waren alle neugierig, welchem Beruf er nachging.
»Er ist Steuermann der Flotte eines großen Binnensees.«
Helga verkündete das mit Stolz und mit einem zärtlichen Blick auf ihren Sohn. Und dieser Sohn brachte es dann fertig, selbstständiges Mitglied dieser Frauenversammlung zu sein, sich einerseits den Gegebenheiten anzupassen und andererseits ohne viel Aufhebens den Gentleman zu repräsentieren. Wir zwei hatten sofort einen heißen Draht zueinander. Ich pflege oft mit todernster Miene irgendeinen Quatsch zu erzählen – er fiel nie darauf herein.
»Ich adoptiere dich als Oma!«, kam irgendwann seine trockene Feststellung.
Normalerweise werde ich zornig, wenn man mich als Oma betitelt. Erstens bin ich in meinem zivilen Leben keine Großmutter – und das Wort »Oma« mag ich sowieso nicht leiden. Wahrscheinlich, weil es das im Schweizerdeutschen gar nicht gibt.
Bei Horst – aber nur bei Horst – macht mir das gar nichts aus. Ich nenne ihn dafür »mein Enkelchen«. Dabei muss man wissen, dass Horst so gegen zwei Meter groß ist.
Ich sehe noch das Gesicht der Buchhändlerin in Radolfzell vor mir (huch!, jetzt habe ich verraten, auf welchem Binnensee Horst herumsteuert), als ich ihr zuerst verkündete, mein Enkelchen würde mich hier besuchen, und dann Horst kam und nach »seiner Oma« fragte ...
Großes Gesprächsthema, das mit schöner Regelmäßigkeit immer wieder auftauchte, war Horst's Zukunft. Helga stickte oft an einer sehr, sehr schönen Tischdecke. Die sei für ihre zukünftige Schwiegertochter. Nur, wer diese Schwiegertochter sein würde, lag noch sehr im Dunkeln. Sämtliche möglichen Kan-

didatinnen – Töchter, Enkelinnen, Nichten, Patenkinder der Kursfrauen – wurden durchgehechelt, um die richtige Frau für Horst und somit die richtige Besitzerin der Tischdecke zu finden.
Im Augenblick, wo ich dieses niederschreibe, ist sie – soviel ich weiß – noch nicht gefunden worden.
Freundschaften – ja, da wurden verschiedene geknüpft. Eine ziemlich aussichtsreiche Kandidatin, die Birgit, brachte es so weit, dass Horst sie nun »meine zukünftige Ex-Frau« nennt. Mal sehen, wie das weitergeht.

Das ist eine der schönen Seiten meines Lebens: so viele Menschen verkehren bei mir. Sie lernen sich kennen, da werden Freundschaften geknüpft, gemeinsame Unternehmungen geplant, von denen ich dann Postkarten erhalte, es entstehen Ehen, es werden Kinder geboren. Manche verliere ich wieder aus den Augen, manche melden sich nach etlichen Jahren wieder.
Mein Haus ist – ohne dass ich das plante – zu einer Art »Knotenpunkt für Freundschaften« geworden.
Manchmal lerne ich jemanden kennen, bei dem ich das dringende Bedürfnis habe, ihn mit jemand anderem, den ich kenne, zusammenzubringen. Falls sich solche Verknüpfungen, lies Begegnungen, zustande bringen lassen, sind sie eigentlich immer ein Erfolg.
Da denke ich nun zum Beispiel an Horst und Michael. Horst kommt natürlich längst nicht nur zu Kursen (bei denen er auf seine Mama aufpassen muss, da sie kränkelt). Er kommt auch in seinen Ferien und wenn er zu viele Überstunden gemacht hat. Es erwartet ihn jeweils eine saftige Liste mit Arbeiten, wozu es mit Vorteil einen kräftigen Mann braucht. Mit Arbeiten, vor denen sich meine jeweiligen Mitarbeiterinnen mit großem Talent drücken, weil sie wissen, dass nächsten Monat sowieso der Horst da ist und das für sie erledigt. Zum Beispiel, wenn ihm die Esel oder die Gänse leid tun, weil sie in einem Stall stehen, der schon lange dringend hätte gemistet werden sollen.
Aber zurück zu Horst und Michael.
Michael und seine Frau Claudia sind seit etlichen Jahren die Fotografen unserer Bücher (auch die Bilder in diesem Band sind natürlich von ihnen aufgenommen). Michael ist überzeugter Badener. Außer dem Land Baden gibt es kein Land auf der Welt, das bei ihm etwas gilt. Und Horst ist überzeugter Schwabe mit genau den gleichen Empfindungen für *sein* Land. Die beiden zusammenzubringen, musste eine Quelle unendlicher Spötteleien, Aufschneidereien und Herabsetzungen und viel Gelächters sein.
Und so war es auch.
An einem runden Geburtstag meinerseits brachte ich sie zusammen – und das Resultat war eine Woche lang Gelächter über die beiden Streithähne, die in immer blumigeren Vergleichen ihr eigenes Land hochhoben und dasjenige des andern herabminderten. In aller Freundschaft, versteht sich. Da habe ich dann auch meine schon lange schwelende Überzeugung bestätigt bekommen, dass es ein Zeichen tiefer Freundschaft ist, wenn man sich gegenseitig aufs Korn nimmt und keiner das dem andern verübelt.
Wo eine solche Situation besteht, ist es mir wohl. Und da, wo nur der eine kritisiert, sich aber vom andern gar nichts sagen lässt, da friert mich bis ins Mark.
Auch solche Momente gibt es natürlich in meinem Haus.

Überhaupt: Manch einer mag jetzt denken, ich hätte nur liebe und nette und hilfsbereite Menschen um mich. Weit gefehlt! Es hat auch faule, unzuverlässige, unloyale, neidische dabei. Nur – von denen schreibe ich einfach nicht. Ich weiß ja längst, dass viele meiner Leserinnen und Leser aus meinen Büchern Trost oder zumindest die Anregung zum positiven Denken und Handeln suchen. Da werde ich mich hüten, von den dunklen Seiten meines Lebens zu schreiben. Es genügt, wenn ich sie hier antöne.
Einen Trost habe ich da letzthin von meiner Freundin Gerti bekommen. Ich weiß nicht, wie wir überhaupt auf dieses Thema kamen. Aber plötzlich sagte sie:

»Weißt du überhaupt, dass du eine ganze Reihe von gefährlichen Neidern hast?«
»Und ob«, antwortete ich ihr. »Vielleicht kenne ich nicht alle, aber dass es sie gibt und dass sie mir manchmal das Leben recht schwer zu machen versuchen, das weiß ich wohl.«
»Ich sage dir jetzt ein Sprichwort, das meine Mutter mir tief eingeprägt hat:
‚Wer Neider hat, hat Brot – wer keine Neider hat, hat Not'.«

Diese Weisheit ist mit ehernen Buchstaben in meinem Kopf eingeprägt – und wie oft war ich darüber schon froh. Und manchmal überkommt mich sogar eine Art Mitleid mit meinen Neidern: Ich würde die Kathrin Rüegg auch beneiden, wenn ich sie nicht selbst wäre! Nur, hochmütig sein über all dem Glück, das ich empfangen durfte, will ich nie. Man kann ja nur einen Teil zu seinem Glück selbst beitragen. Der größere Teil muss einem geschenkt werden von einem gütigen Schicksal oder wie immer man die höhere Macht nennen will, die ihre Hand über uns hält. Und – das betone ich nochmals – die dunklen, die schweren Probleme, die über mir hängen wie die Wolken eines Gewitters, die habe ich auch. Auf ganz verschiedenen Ebenen sogar. Sie lassen sich manchmal sehr schwer verarbeiten. Das hängt vielleicht mit meinem Alter zusammen. Obschon mir manchmal scheint, mit meinem Alter wachse auch die innere Kraft. Ich muss es nur zu verhindern suchen, dass körperliche Gebresten (und von denen könnte ich eine lange Liste aufzählen) diese Kraft aufzehren, bevor sie geholfen hat, das Negative um mich herum aufzuarbeiten.
Wie hat mir vor vielen Jahren doch eine Leserin geschrieben, die offenbar in einer ähnlichen, an sich angenehmen Situation war, mit einem vergleichbaren Bekanntheitsgrad und Lebensstil wie ich: »Die innere Kraft, Negatives zu verarbeiten, bringt uns selbst die heile Welt.« Aber irgendwoher muss man diese innere Kraft ja nehmen können ...
Ich hasse (und verachte) wohl kaum etwas so sehr wie Frömmelei. Jenes Getue, um der gesamten Umwelt zu zeigen, wie gläubig (lies: was für ein guter Mensch) man doch ist, – und das war's dann. Keine Spur von »liebe deinen Nächsten ...«
Frömmigkeit, so wie sie mir anerzogen worden ist und nach der ich mein Leben einzurichten versuche, hat überhaupt nichts mit äußerlichen Glaubensbezeugungen zu tun. Aber einerseits damit, wie ich mich meinen Mitmenschen gegenüber verhalte und andererseits damit, wie ich mit meinen Problemen fertig zu werden versuche.
Da gibt es gewisse ganz einfache Regeln, an die ich mich halte. Zum Beispiel der Konfirmationsspruch, den sich mein Patenkind Sibylle ausgesucht hat:
»Alles ist möglich, dem der glaubt.«
Wer sich an dieses Wort hält, der hat sie, jene innere Kraft – und weiß zudem, woher sie kommt. Ihm wird nichts mangeln.

Aber jetzt bin ich ganz weit abgeschweift vom Thema dieses Buches. Von meinen Gästen nämlich. Und zu denen kehre ich jetzt eilig wieder zurück.

Rinderschmorbraten in Merlot ▶
(Rezept Seite 52)

Rinderschmorbraten in Merlot
Stufato al Merlot

1 kg Rinderbraten (aus der Schulter)
ca. 3/4 l Merlot
Salz, Pfeffer
2 EL Olivenöl
1 Zwiebel, grob gehackt
2 Knoblauchzehen, gepresst
2 Karotten, in Rädchen geschnitten
1/4 Sellerieknolle, in Scheiben geschnitten
1 Lauchstängel, in Streifen geschnitten
1 Lorbeerblatt
1 Gewürznelke
1 Rosmarinzweig
1 EL Thymianblätter
1 EL Majoranblätter, gehackt
Schale von 1/2 Zitrone
1 EL Tomatenmark
1 Schweinsfuß, der Länge nach zerteilt

Das Fleisch zwei Tage vor dem geplanten Servieren in ein möglichst enges Gefäß legen, so viel Wein dazugießen, dass das Fleisch ganz damit bedeckt ist. Zugedeckt über Nacht stehen lassen. Aus dem Wein nehmen (diesen aber zurückbehalten), trockentupfen, mit Salz und Pfeffer einreiben. Das Öl in einer Kasserolle erhitzen, das Fleisch ringsum anbraten, beiseite legen. Im gleichen Öl zuerst Zwiebel und Knoblauch andämpfen, dann nach und nach alle Gemüse, die Kräuter und Gewürze dazugeben. Mit dem aus der Marinade zurückgebliebenen Wein und evtl. mit der Hälfte des übrig gebliebenen Weins ablöschen. Das Fleisch und den Schweinsfuß so dazulegen, dass sie vom Gemüse umgeben sind. Zugedeckt in dem auf 200°C vorgeheizten Backofen 2 – 2 1/2 Std. schmoren. Nach und nach den restlichen Wein beigeben. Den Backofen abstellen. Das Fleisch darin über Nacht ruhen lassen, dann im auf 220°C vorgeheizten Backofen 20 Min. heiß werden lassen.

In Tranchen geschnitten schuppenartig auf eine vorgewärmte Fleischplatte anrichten. Die Schwarte des Schweinsfußes in Streifen geschnitten darüber legen. Die Sauce evtl. noch nachwürzen, über den Braten gießen.

Dazu serviert man Polenta oder Kartoffelpüree.

Zucchinigemüse
Zucchini stufati

3 EL Öl
2 Knoblauchzehen, gepresst
1 Rosmarinzweig
ca. 800 g Zucchini (kleine Exemplare ungeschält), in ca. 1 cm dicke Scheiben geschnitten
Salz, Pfeffer
4 Tomaten, geschält, in Schnitze geschnitten
3 EL trockener Rotwein
100 g Parmesankäse oder Sbrinz, gerieben

Das Öl erhitzen, den Knoblauch und den Rosmarin einige Min. braten. Die Zucchinischeiben dazulegen, würzen, 10 Min. dämpfen. Die Tomaten und den Rotwein beifügen, nochmals 1/4 Std. köcheln. Den Reibkäse dazu servieren.

Zucchinigemüse

Kastaniensoufflé
Soufflet di castagne

150 g	*frische Kastanien, auf der gewölbten Seite eingeschnitten*
200 ml	*Milch*
1/2	*Vanillestängel*
3 – 4 EL	*Zucker*
2 EL	*Butter*
5	*Eigelb*
5	*Eiweiß*
1 – 2 EL	*Maraschino*

Die Kastanien in kochendes Wasser geben und 5 Min. kochen. Noch warm schälen und die innere braune Haut entfernen. In der Milch, der man die Vanille beigefügt hat, weich kochen (ca. 1/2 Std.). Den Vanillestängel entfernen, die Kastanienmilch durch ein Sieb streichen oder mit dem Mixer zu einem homogenen Brei verarbeiten. Zucker, Butter, Eigelb und den Maraschino beigeben. Die Eiweiß ganz steif schlagen und unter die Kastanien heben. In eine ausgebutterte Auflaufform füllen und im auf 150°C vorgeheizten Ofen 30 Min. backen.

Backofentüre nicht öffnen! Sofort servieren, das Soufflé fällt sonst zusammen.

Teresa

Wie oft habe ich schon gedacht, dass eigentlich eines jeden Menschen Leben wert wäre, eine Biografie darüber zu schreiben – und daraus zu lernen.
Aber es gibt doch Unterschiede. Und einen für mich ganz eigenartigen Unterschied: Je einfacher und bescheidener ein Mensch aufgewachsen ist und lebt, desto interessanter ist für mich seine Lebensgeschichte. Das geht so weit, dass ich sogar versuche, mit diesem Menschen die Orte seiner Kindheit aufzusuchen. So habe ich es zum Beispiel gemacht mit Teresa.

Kennen gelernt habe ich sie bei einer Signierstunde in der Bücherabteilung eines Warenhauses in einer großen Schweizer Stadt. Sie sprach mit mir Schweizerdeutsch – aber mit einem reizenden italienischen Akzent. Und weil ich keine Gelegenheit auslasse – besonders wenn ich weg vom Tessin bin – italienisch zu sprechen, antwortete ich ihr in ihrer Sprache. Sie stellte mir unzählige Fragen, die mir zeigten, dass sie meine Bücher beinahe auswendig gelernt hatte. Und sie wollte wissen, ob es eine Möglichkeit gäbe, im Dorf, das in meinen Büchern »Froda« heißt, mit ihrem Mann Urlaub zu machen. Ihr Mann sei zwar kränklich, mache aber doch gerne Spaziergänge und liebe die Berge.
Diese Wünsche konnte ich erfüllen. Teresa kam mit ihrem Mann, besuchte mich in meinem damals noch ach so primitiven Haus. Wir freundeten uns sehr an. Manchmal schien es mir, ich hätte sie einfach schon immer gekannt.
Sie erzählte mir unter anderem, dass sie Verkäuferin in der Bettwarenabteilung jenes Kaufhauses sei, in dem ich damals signiert hatte. Ihre Jugend hatte sie nahe der Dolomiten in Italien verbracht.

Und dann verlor ich sie während etlicher Jahre aus den Augen. Bis ich wieder in jener Buchhandlung signierte. Und wo sie mich erneut besuchte.
Traurig sah sie aus, alt geworden.
Ihr Mann sei vor zwei Jahren verstorben. Ihre beiden Töchter verheiratet. Seit einem halben Jahr sei sie pensioniert und fühle sich sehr allein ...
Da lag es dann auf der Hand, dass ich sie zu mir einlud. Sie wusste auch aus den inzwischen erschienenen weiteren Büchern, dass mein Haus umgebaut worden war.
»Kommen Sie für eine Weile zu mir. Ich habe genug Platz. Wie es bei mir ausschaut, wissen Sie. In der Zwischenzeit ist – außer in meinem Haus – nicht viel verändert worden. Und dann machen Sie schöne Spaziergänge, erholen sich, wir päppeln Sie wieder auf ...«
»... und den Garten, gibt es den noch?«
»Ja klar, ein Stück größer sogar als damals.«
»... und eine Nähmaschine haben Sie auch?«
»Natürlich.«
»Fein, ich hätte sonst meine mitgebracht.«
»Ich wusste gar nicht, dass Sie ein Auto haben.«
»Habe ich auch nicht. Ich komme mit dem Zug. Seit ich im Rentenalter bin, leiste ich mir ein Generalabonnement.«
»Wozu, um Himmels willen, wollten Sie denn eine Nähmaschine mitbringen?«
»Weil ich denke, dass es in einem so großen Haushalt wie Ihrem immer irgendetwas zum Flicken oder zum Nähen gibt.«
Ich sah es: Der liebe Gott hatte da wieder einmal einen hilfreichen Engel für mich herbeigerufen.
Teresa kam, sah – und flickte!
Sie hatte genau einen jener Zeitpunkte für ihren Aufenthalt ausgewählt, da eine Föhnlage über den Alpen herrschte. Das heißt von der meteorologischen in die Normalsprache übersetzt: im Tessin regnete es wie aus Kübeln. Nicht nur einen Tag, eine ganze Woche lang.
Teresa verlangte gleich nach dem Frühstück am ersten Morgen ihres Hierseins die Nähmaschine, wollte wissen, wo wir das Nähzeug aufbewahren und –

natürlich – wo der Flickkorb sei. Ich habe die Angewohnheit, alles zu tragen, bis man die Überbleibsel nur noch als Putzlappen verwenden kann. Zuerst brauche ich meine Jeans »für schön«, d.h. für Tätigkeiten außerhalb meines Hauses, angefangen beim Ladendienst bis zum Fernsehen. Dann werden sie befördert für Arbeiten im Haus, schließlich für Arbeiten, wo sie voraussichtlich schmutzig werden. Und dann liebe ich sie am meisten, weil der Stoff weich geworden ist. Und weil ich sie liebe, will ich mich nicht von ihnen trennen. Und deshalb werden sie immer und immer wieder geflickt, wird immer noch mal ein Stück Stoff über das untere, zerschlissene Stoffstück genäht. Das sind dann meine »heiligen Hosen«.

Teresa sei Dank sind dann während jener Regenzeit etliche Paar meiner Hosen heilig gesprochen worden. Unnötig zu sagen, dass ich sie in einem Extrafach im Schrank aufbewahre und am liebsten nur dann anziehe, wenn ich weiß, dass sie nicht beschädigt werden können.

Im Putzschrank fand ich dann auch neue Abwaschlappen: vier Lagen zusammengenäht aus löchrig gewordenen Geschirrtüchern aus Frottéestoff. So angenehm zu verwendende Abwaschlappen kann man nirgendwo kaufen. Da muss erst mal eine Teresa kommen, die überhaupt die Idee hat.

Als es immer noch regnete und wirklich bis zum letzten Stofffäserchen alles in meinem Haus geflickt war, räumte sie zuerst das Nähzeug auf. Erstellte gleich auch eine Liste, was an Faden und Nadeln fehlte, dann räumte sie in jenem Zimmer – das unsere Webstube war – sämtliche Schränke auf. Und dabei machte sie einen Fund, von dem sie sagte, sie hätte nun einen unermesslichen Schatz entdeckt:

Einen ganzen Schrank voller Stoffbahnen, die noch aus meinem »früheren Leben«, meinem Einrichtungsgeschäft in der Stadt stammten. Zwei Meter lange Bahnen schönster Vorhangstoffe, die ich damals einfach nicht weggeben mochte, weil sie von der Qualität und den Dessins her einfach wunderschön waren. Ich bin eben textilverrückt. Da hortet man schon manchmal solche Schätze.

Auch Teresa teilt meine Textilleidenschaft. Aber auf eine viel praktischere Art. Sie verarbeitete all meine Schätze zu Dingen, die ich gebrauchen konnte, wo ich mich an der Schönheit der Stoffe freuen konnte – nicht nur, indem ich sie einmal im Jahr beim Frühjahrsputz herausnahm, betrachtete, wieder zusammenfaltete und wieder einschloss. Abgesehen davon, dass man den Platz im Schrank für etwas Gescheiteres brauchen könnte ...

Küchenschürzen hat sie genäht. So schöne Schürzen, dass es beinahe zu schade ist, sie zu verwenden (»Aber nicht, dass du anstelle der Stoffbahnen jetzt die Schürzen in jenem Schrank aufbewahrst«).

Tischtücher hat sie genäht. Zum Beispiel solche aus uni gefärbtem Stoff mit breiten, passenden Borten ringsum und in der Mitte. Wobei die Borte in der Mitte etwa fünfmal wieder aufgetrennt wurde, weil es da eine Abweichung, einen Bogen von vielleicht zweieinhalb Millimetern gab.

»Bi mir wird nit 'sisst.« (»Bei mir wird nicht beschissen«) Ihr Schweizerdeutsch mit den typisch italienischen Schlenkern ist eine Quelle unserer Freuden.

Teresa feierte ein goldenes Jubiläum in unserer Mitte: »Fünfzig Jahre Teresa in der Schweiz«.

Und ganz langsam rollte sie dann ihre Lebensgeschichte auf: Ihre Eltern waren Kleinbauern. Sie hatte mehrere Geschwister. Als der Krieg ausbrach, war sie zwölf Jahre alt. Die Schule wurde geschlossen.

Ihre Familie besaß eine Kuh, ein paar Hühner, ein Schwein und einen Garten. Damit musste ihre Mutter sie durchbringen. Der Vater war im Krieg.

Als Teresa sechzehn Jahre alt war, ging sie in Stellung bei einem Bauern. Sie musste mit acht Kühen, den Rindern, ein paar Hühnern und einem Schwein im Frühjahr auf eine Alp – ganz allein – und blieb bis zum Herbst dort oben.Die Milch der Kühe musste sie täglich zur eine halbe Stunde entfernten Molkerei tragen. Wenn man auch mit einem bescheidensten Milchertrag rechnet, die Kühe bekamen ja kein Kraftfutter, kommt da eine Last von fünfzig Kilogramm zusammen. Über Stock und Stein zu tragen, von einem Mädchen, das klein und schmächtig war (ist die Teresa noch immer).

Einmal wöchentlich brachte man ihr ein paar Lebensmittel, sonst war sie mit ihren Tieren auf sich allein gestellt.

»Ja, und was geschah, wenn du einmal unpässlich warst oder wenn eine Kuh krank wurde oder kalbte?«

»Ich war nie krank. Und einmal brauchten wir einen Tierarzt, weil eine Kuh nicht kalben konnte. Das Kalb war in Steißlage. Ich alarmierte die nächsten Nachbarn, eine knappe halbe Stunde von der Alp entfernt. Jesus, wenn ich an die Aufregung denke!

Aber das Kalb blieb am Leben – die Mutter natürlich auch.«

Eine Bekannte vermittelte ihr im darauf folgenden Winter eine Stelle in der Schweiz, und im März (sie weiß das genaue Datum noch: am 17. März 1947) fuhr sie nach Basel.

Wenn ich es mir vorzustellen versuche: Ein junges Mädchen, das kaum je Eisenbahn gefahren ist, das nur den Dialekt seiner engeren Heimat spricht, wagt sich – muss sich wagen –, in ein fremdes Land zu fahren. Sie weiß, dass sie die Sprache nicht kann. Sie weiß, dass sie den Zug wechseln muss, weiß, dass die Grenzkontrollen streng sind.

»Und scheu – furchtbar scheu – war ich auch noch.«

Ich kann mich an sich gut in die Lage anderer Menschen versetzen. Wenn ich mir vorzustellen versuche, wie ich mich an ihrer Stelle gefühlt hätte ...

»Das Schlimmste, Fürchterlichste war der Grenzübertritt.«

»Aber du hattest ja nichts zu verbergen. Deine Papiere waren in Ordnung.«

»Ja, und als Gepäck hatte ich nichts bei mir als (wörtlich wiedergegeben) i quattro stracci – die vier Lumpen, aus denen meine Kleider bestanden.

Aber stell dir das vor: Wir waren ein paar Frauen, die als Arbeiterinnen in die Schweiz fahren wollten. Wir hatten alle eine Stellenzusage von unseren zukünftigen Arbeitgebern.

Wir mussten uns vor einem Schalter als Schlange formieren. Ein mürrischer alter Beamter kontrollierte unsere Papiere. Dann wurden wir in einen Raum geschoben, wo wir uns nackt auszuziehen hatten. Ein Arzt untersuchte uns. Wir mussten unsere Zähne zeigen. Er kontrollierte, ob wir Läuse hätten. Horchte unsere Lungen ab. Jedes einzelne unserer Kleidungsstücke wurde durchsucht.

Nackt wurden wir in einen weiteren Raum geführt. Dort hatte es an der Decke große Wasserdüsen. Die wurden eingeschaltet. Nur – warmes Wasser hatte es keines mehr.

Unsere Kleider waren in der Zwischenzeit desinfiziert worden. Und wir selbst mit Insektenpulver bestäubt. Kannst du dir etwas Erniedrigenderes als diese Prozeduren vorstellen?«

Nein, konnte und kann ich nicht. Insbesondere, wenn man weiß, wie sauber Menschen wie Teresa sind. Innerlich und äußerlich – und wie scheu sie auch jetzt noch ist.

»Als all diese Quälereien überstanden waren, mussten wir auf den nächsten Zug warten. Der fuhr erst nach zwei Stunden. Als ich endlich in Basel ankam (das war morgens um fünf Uhr), rechnete ich mir eine Reisezeit von sechzehn Stunden aus. Zum Glück hatte ich von daheim wenigstens ein Stück Brot und einen Apfel mitgenommen. Geld, um während der Reise etwas zu kaufen, hatte ich ja nicht.«

Und ich denke, nur ein Mensch, der um seine Existenz kämpfen muss (und das Geld für die Rückfahrt nicht hat), ist bereit, einen solchen Weg weiterzugehen. In ein Land, das ihn so unfreundlich empfangen hat.

»Ach, was willst du – ero ancora viva (ich habe ja noch gelebt).«

Die Stellung, die Teresa antrat, gefiel ihr. Sie hatte allgemeine Hausarbeiten zu erledigen, zu kochen, Kinder zu hüten, zu putzen. Und Schweizerdeutsch zu lernen, machte ihr keine großen Probleme, ebenso wenig wie Hochdeutsch zu lesen. Sonst hätte sie ja meine Bücher nicht gelesen und dann hätte ich sie nie kennen gelernt.
Ich denke, ihre Arbeitgeber waren so glücklich über das Goldstück Teresa, wie es heute alle ihre Freunde sind (und ich habe im Laufe der Zeit viele davon kennen gelernt).
Eines Tages, etwa ein Jahr nach ihrer Ankunft in der Schweiz, ging sie mit einer Freundin ins Kino.
»Tarzan. – Und da saß dann ein junger Mann neben mir, ein Schweizer, das wurde dann mein Tarzan. Nach einem Jahr haben wir geheiratet.«
Zwei Töchter haben sie im Laufe der Zeit bekommen – und neben der Arbeit für ihre Familie nahm sie immer noch Haushaltarbeiten an. Als die Kinder etwas größer waren, bekam sie eine Stellung in einem Lebensmittelgeschäft.
»Warengestelle nachfüllen, weißt du.«
»Da hast du dein Talent, Dinge hübsch anzuordnen, austoben können. Ich denke an die Früchte- und Gemüsegestelle.«
»Das schon. Aber da waren die Kisten voll mit Mineralwasserflaschen, mit Wein, mit Bier. Es wurde zwar anständig bezahlt. Aber nach zwei Jahren war mein Rücken kaputt. Ich beschloss, eine andere Stellung zu suchen, nahm das Telefonbuch hervor, schloss die Augen und tippte mit einer Stricknadel ins Buch: Die Nummer eines großen Warenhauses! Am Dienstag rief ich an. Am Mittwoch stellte ich mich vor. Am Donnerstag trat ich meine Stellung an: Verkäuferin in der Bettwarenabteilung. Und da blieb ich dann während siebzehn Jahren bis zu meiner Pensionierung.«

Der kurz vorher erfolgte Tod ihres Mannes, den sie liebevoll während einiger Jahre gepflegt hatte, und die Pensionierung waren schuld, dass sie in ein tiefes, schwarzes Loch fiel. Aber sie hatte die Kraft – die Kraft, die ich bei einfachen Menschen häufig antreffe –, sich selbst daraus hochzurappeln, indem sie den Kontakt mit ihren Freundinnen und Bekannten vertiefte – nicht nur mit Gesprächen – auch mit Taten.

Seither ist sie unentbehrliche Hilfe an den verschiedensten Orten. Da ist zum Beispiel das Bündner Bergdorf, das sie auch einmal durch Ferien mit ihrem Mann kennen gelernt hatte. Sie fährt regelmäßig zwei bis drei Mal im Jahr dorthin – und ich wette, dass sie dann die Kleider der halben Dorfbevölkerung repariert!
Außerdem hilft sie an zwei oder drei verschiedenen Orten, so wie bei mir, den Garten wieder in Ordnung zu bringen oder das Haus.
Und natürlich tut sie auch noch etwas für ihre körperliche Fitness.
»Chas nit rächt saffe, wenn alli Gnogge tüen weh (Du kannst nicht richtig arbeiten, wenn dir alle Knochen weh tun).«
Wie Recht hat sie!
Und wie danke ich dem lieben Gott persönlich (einen stellvertretenden Schriftsteller-Heiligen kenne ich leider nicht), dass er Teresas und meine Wege eines schönen Tages zusammengeführt hat!

Tomatenspaghetti Dario
Spaghetti ai pomodori

Tomatenspaghetti Dario

- *2 EL Öl*
- *2 Knoblauchzehen, gepresst*
- *6 Tomaten, geschält, in Schnitze zerteilt (oder 1 Dose Pelati)*
- *2 EL Tomatenmark*
- *1 Rosmarinzweig*
- *3 EL Butter*
- *Salz, Pfeffer*
- *3 l Wasser*
- *2 TL Salz*
- *300 g Spaghetti (am besten Spaghettini aus Hartweizengrieß)*
- *Parmesankäse oder Sbrinz, gerieben*

Das Öl erhitzen, den Knoblauch darin goldbraun anbraten, die Tomatenschnitze, das Mark und den Rosmarinzweig beigeben. Auf kleinem Feuer mindestens 1 1/2 Std. köcheln, gelegentlich umrühren. Den Rosmarinzweig entfernen, die Sauce durch ein Sieb streichen, aufkochen, die Butter dazurühren, würzen. Das Wasser mit dem Salz aufkochen, die Spaghetti darin al dente kochen (die auf der Packung angegebene Kochzeit beachten!), abgießen, kalt überbrausen. In die Tomatensauce geben und alles mit zwei Gabeln gut durchmischen, heiß werden lassen. Den Käse separat dazu servieren.

Noch ein Blattsalat dazu, und du fühlst dich wie im Tessin.

Rosmarinkartoffeln
Patate al rosmarino

2 EL Öl
800 g Schalenkartoffeln, am Vortag gekocht, in Würfel geschnitten
die abgestreiften Nadeln von 2 – 3 Rosmarinzweigen
Salz

Das Öl rauchheiß werden lassen, die Kartoffelwürfel und die Rosmarinnadeln beigeben. Auf kleinem Feuer ringsum hellbraun braten. Salzen. Rosmarinkartoffeln passen am besten zu kurz gebratenem Fleisch.

Rosmarinkartoffeln

Amaretti

350 g Mandeln
500 g Zucker
3 Eiweiß
10 Tropfen Bittermandelöl
50 g Puderzucker

Die Mandeln mit kochendem Wasser überbrühen, 5 Min. stehen lassen, schälen. In der Bratpfanne (ohne Fettzugabe) trocknen. Fein mahlen.

In einer Teigschüssel das Eiweiß zu Schnee schlagen. Nach und nach den Zucker einrieseln lassen. Schließlich das Bittermandelöl beigeben, die Mandelmasse löffelweise dazurühren. Ein Kuchenblech mit Backpapier belegen, etwas Mehl darüber sieben. Teelöffelgroße Häufchen mit nassen Händen zu Kugeln formen, auf das Blech geben, mit nassem Finger etwas flach drücken. Mit etwas Puderzucker bestäuben. Im auf 125°C vorgeheizten Ofen ca. 20 Min., anschließend bei 150°C weitere 5 Min. backen. Noch warm erneut mit Puderzucker bestreuen.

Amaretti

Werner

Ja, der Werner (und mit ihm stets seine Assistentin Annette) ist natürlich auch Gast in meinem Haus. Eine Art Spezialgast. Um es im Jargon der politischen Berichterstattung zu sagen: Er genießt bei mir einen Sonderstatus. Ihn und Annette bloß als Gäste zu bezeichnen, ist zu wenig.
Sie kommen einmal pro Monat für mindestens vier Tage. Wenn es nach Werner ginge, lieber für länger. Aber ich habe da noch einige andere Aufgaben ...

Natürlich wohnt er nicht hier. Er residiert in einem schönen Hotel in Locarno – mit Blick auf den See. Das ist das Tessin, das er liebt (und das ich meide, wo ich kann, weil es mir dort zu heiß, zu stickig, zu städtisch und zu menschenüberfüllt ist).

Für eine Sendung (von schließlich 28 Minuten und 30 Sekunden) berechnen wir zwei Arbeitstage für Vorbereitungen. Zuerst besprechen wir das zu bearbeitende Thema generell, wälzen Rezeptbücher, lesen uns gegenseitig Rezepte vor, die in Frage kommen könnten. Unsere Kriterien sind:

- Arbeitsaufwand
- Materialaufwand (Rezepte mit in Deutschland schwer zu beschaffenden Zutaten fallen sofort weg)
- Preis der benötigten Lebensmittel
- Wird das fertig gekochte Gericht auch fotogen sein?
- Schmeckt es so, dass sich Material- und Arbeitsaufwand lohnen?

Annette erstellt eine Einkaufsliste, nachdem wir gezählt haben, wie viele Testesser wir morgen sein werden. Als solche werden natürlich die sich momentan in meinem Haus aufhaltenden Personen zur Verfügung stehen. Diese Zahl schwankt zwischen zwei und zehn Essern. Wenn wir bloß wenige sind, laden wir auch Nachbarn ein, die das sehr spaßig finden. Und die müssen dann kritisch sein und dürfen jaaa nicht aus Höflichkeit sagen, es hätte ihnen geschmeckt.
Eine Sendung pro Monat gilt einer Region, die zweite einem oder zwei bestimmten Lebensmitteln. Eine Regionen-Sendung sollte schließlich ein Menü ergeben mit Suppe, evtl. Vorspeise, Hauptspeise mit Beilagen, Dessert.
Diese Speisen zu prüfen, macht meist mehr Spaß als ein Essen, das aus fünf oder sechs verschiedenen Bohnen- und z.B. ebenfalls mehreren Gurkenrezepten besteht. Man ist dann schließlich auch satt, übersatt sogar, aber irgendwie ist das doch eher unbefriedigend.
Annette bringt das Ganze dann aber doch ins Lot: Sie zaubert immer noch irgendeine kleine Vorspeise und ein Überraschungsdessert auf den Tisch. Denn bei den Vorbereitungen schwingt hauptsächlich Annette den Kochlöffel. Ich bekomme zwar oft auch das eine oder andere Rezept von ihr zugeteilt, das koche ich dann in unserer zweiten Küche. Zu meinem großen Glück gibt es in meinem Haus eine zweite Küche. Sie liegt ebenerdig gleich neben unserm Hof mit dem Nussbaum, ist ja auch unsere Konfitürenküche. Da wirke dann ich und überlasse Annette die große Küche im oberen Stockwerk. Und manchmal gesellt sich dort dann auch Werner dazu, wenn es ein Rezept zu kochen gilt, das ihn besonders interessiert.
Mit Werner im Studio zu kochen, bin ich ja längst gewöhnt. Bei mir zu Hause ist das etwas anderes. Da sollte man dann einerseits wohl selbst ein Rezept ausprobieren, gleichzeitig aber für ihn auch noch den »Gango« und den »Dätschmer« spielen. Für all jene, die nicht alemannisch verstehen:
»Gango« heißt auf Schriftdeutsch »Gehe etwas« (tun oder holen). Also: »Gango Kartoffeln oder Butter oder einen Kochtopf oder einen Deckel holen.«
»Dätschmer« dagegen: »Tätest du mir bitte (aber das »bitte« wird nicht ausgesprochen, dazu sind und waren die Alemannen zu wortkarg) die Zwiebel

hacken oder den Kochtopf, in dem etwas angebrannt ist, reinigen oder sagen, wo ich ein Schnapsglas oder den Zapfenzieher finde.«

Wenn Annette das verleidet, schickt sie Werner zu mir – und ich schicke den armen, eifrigen Mann postwendend wieder zurück zu ihr. Er und ich in einer Küche, die halt viel kleiner ist als diejenige im Studio: da ist einer oder eine zu viel drin.

Ja, so ein Mann hat es in unserer Weiberwirtschaft nicht leicht.

Apropos Weiberwirtschaft. Meist ist ja auch meine Mitarbeiterin Susi mit dabei. Ihr verdanken wir die überhaupt beste Idee, wie man Werner behandeln muss, wenn er bei uns ist.
Meist kommen Werner und Annette so zwischen zehn und elf Uhr zu uns, da sie ja zuerst die Einkäufe für den Tag erledigen mussten. Sie haben in Locarno ihre ganz speziellen Geschäfte, in denen sie einkaufen.
Werner hat – man darf das ruhig so bezeichnen – seinen Metzger-Freund. Der erfüllt alle seine (manchmal für Schweizer Konsumentengewohnheiten und deshalb auch für die Lieferanten) recht ausgefallenen Wünsche. Gleichzeitig muss sich Werner aber auch eingehend über den Gesundheitszustand des Metzgers erkundigen, damit er ihn dann entsprechend seinen neusten medizinischen Erkenntnissen beraten kann. Dann gibt es einen speziellen Fisch- und Geflügelhändler in der Altstadt, natürlich einen Früchte- und Gemüsehändler, den sie berücksichtigen. So einkaufen, so ganz ohne Hektik, das macht ihnen Spaß – und dauert eben. Und dann kommt die Fahrt über die unzähligen Kurven bis zu uns. Die Waren werden in meine Seilbahn verladen.
Seit Werner ein Handy hat, ruft er uns dann an, damit wir die Bahn schon hochziehen, bis er und Annette zu uns hochgestiegen sind. Früher genügte es, kräftig zu hupen.
Wir laden die voll beladenen Taschen schon aus. Werner steht noch unten auf der Brücke und kontrolliert die Fische, die man morgens im Fluss beobachten kann.
Annette wird von meinen vor Glück jaulenden Hunden empfangen, die ihr entgegenrennen und sie jeweils beinahe umwerfen.

Und Susi? Ja, sie steht schon in der Küche, brät eine Scheibe Kalbsleber oder streicht ein Käsebrot oder mischt ein kleinen Salat, damit Werner sofort nach seiner Ankunft etwas zu essen bekommt.
Der Weg zu mir hoch ist zwar nicht sehr weit, aber für ältere Leute wie Werner (und mich) doch recht beschwerlich. Und bis er dann bei mir angelangt ist, keucht er vor Anstrengung und verflucht mich bestimmt ganz leise, dass ich an einem Ort wohne, den man nur zu Fuß und erst noch den Berg hochsteigend erreichen kann.
Er setzt sich erst mal auf die Steinbank im Hof, sein Béret (er sagt »Patschkappe«) tief über die Augen gezogen, in Jacke oder Mantel, womöglich noch einen dicken Schal um den Hals, uns den Rücken zugekehrt, die Hände überm Bauch gefaltet und brütet vor sich hin. Mag auch sein, dass er dann meditiert oder einfach verschnauft. Aber dann macht er den Eindruck eines Menschen, der mit sich selbst und überhaupt der ganzen restlichen Welt und uns insbesondere uneins ist. Das ergibt kein gutes Klima für unsere Arbeit. Da frage ich mich dann automatisch, was wir nun wieder falsch gemacht haben.

Bekommt er nun aber seine Zwischenverpflegung, dann ist die Welt für ihn wieder in Ordnung.
Kaum riecht er den Duft, der hochsteigt vom Teller, den Susi vor ihn hingestellt hat, strahlt er, verlangt noch ein zweites Stück Brot oder vielleicht noch ein Gläschen Frascati und – alles wird gut!
Merkt euch dieses Rezept, liebe Mitschwestern, wenn ihr einen mürrisch scheinenden (er muss es ja gar

nicht sein – nur scheinen) Mann zu betreuen habt!
Es ist schon etwas dran an dem Sprichwort, dass die Liebe durch den Magen geht. Die Liebe braucht erst recht das richtige Arbeitsklima – sogar wenn von Arbeit gar keine Rede ist.
Ja, und dann kochen wir also, essen, prüfen, natürlich beziehen wir alle unsere Gäste mit ein, urteilen, verwerfen, diskutieren, streiten auch manchmal.
Annette und Susi bringen die Küche oder Küchen wieder in Ordnung.
Dann setzen wir uns alle nochmals hin, trinken Kaffee, erwägen die Reihenfolge unserer Rezepte. (Wir planen eigentlich immer zu viele für die Sendung. Diejenigen, die wir dann während der Sendung nicht mehr zeigen können, erscheinen wenigstens in unserer »Montage«, d.h. in der Übersicht der Rezepte zur jeweiligen Sendung.)
Wie es dann so geht, wenn man nach dem Essen zusammensitzt: Man fängt an zu erzählen, sich zu erinnern, zu lachen, da kommt wieder das »weißt du noch«, jener kleine Satz, den man nur mit Freunden teilen kann und der bei mir – je älter ich werde – immer wichtiger wird.
Wir sind alle zufrieden, satt, glücklich, aber etwas müde, weil wir natürlich viel zu viel gegessen haben ...
Aber das *muss* doch so sein, wenn man bei Werner und mir zu Gast ist!

Linsengericht (Rezept Seite 68)

Nusssuppe
Minestra di noci

4 EL	*Olivenöl*
3 – 4 EL	*Mehl (je nach gewünschter Konsistenz der Suppe)*
2 Hand	*voll Nüsse (am besten sind Baumnüsse), grob gehackt*
1	*Lauchstängel, in Ringe geschnitten oder 1 Zwiebel, gehackt*
2	*Kartoffeln, geschält, gewürfelt*
1 l	*Gemüsebrühe*
	evtl. Salz, Pfeffer
50 g	*in kleine Stücke zerbröselte Nudeln oder Hörnli*
2 EL	*gehackte Petersilie*

Das Öl erhitzen, das Mehl darin hellbraun rösten, die Nüsse beigeben.

Nochmals einige Min. rösten. Den Lauch und die Kartoffeln beigeben, alles erneut kurz durchdämpfen. Mit der Brühe ablöschen, 10 Min. köcheln, die Nudeln beigeben, weitere 20 Min. köcheln, pfeffern. Vor dem Servieren mit der Petersilie bestreuen.

(Das war früher eine typische Karfreitagssuppe – deshalb die Gemüsebrühe. Sie schmeckt so gut, dass ich sie ganz unabhängig von kirchlichen Feiertagen auf den Tisch bringe.)

Die Suppe sättigt so, dass danach nur noch Platz für einen Salat oder ein Dessert bleibt.

Linsengericht
Lenticchie in umido

250 g	*braune Linsen*
1 EL	*Butter*
1 EL	*Öl*
100 g	*Pancetta, in Streifen geschnitten (Ersatz: Speckwürfel)*
5	*Schalotten oder 2 Zwiebeln und 1 Knoblauchzehe, gehackt*
1 Stück	*Schweinsschwarte*
1	*Karotte, geschnitten*
1	*Stange Bleichsellerie, in feine Streifen geschnitten*
1	*Zweig Rosmarin*
1 EL	*Weißmehl*
100 ml	*trockener Rotwein*
1/2 l	*Fleischbrühe*
1 EL	*Tomatenmark*
	Salz, Pfeffer

Die Linsen über Nacht einweichen. Diejenigen, die an der Oberfläche schwimmen, entfernen, das Wasser abschütten.(Achtung: heute gibt es auch Linsen, bei denen das Einweichen nicht notwendig ist.)

Butter und Öl erhitzen, den Speck und die Schalotten beigeben, dämpfen. Die Schwarte, die Gemüse und den Rosmarin, dann die Linsen beigeben. Alles durchmischen, das Mehl darüber streuen, mit dem Wein ablöschen. Diesen etwas einkochen lassen, danach die Fleischbrühe dazugießen. Tomatenmark einrühren. 1 1/2 Std. zugedeckt köcheln

Johannisbeer-Torte ▶
(Rezept Seite 70)

lassen (auch wenn auf der Packung der Linsen evtl. eine kürzere Kochzeit angegeben ist). Gelegentlich umrühren, evtl. noch etwas Wasser beigeben. Erst würzen, wenn die Linsen weich sind. Vor dem Servieren Schwarte und Rosmarinzweig entfernen.

Johannisbeer-Torte

Boden

300 g Mehl
200 g Butter, Raumtemperatur
100 g Zucker
1 Ei

Belag

200 g Haselnüsse, gemahlen
750 g Johannisbeeren, entstielt
8 Eiweiß, steif geschlagen
100 g Zucker

Die Zutaten für den Boden miteinander verkneten, in eine bebutterte Springform von 26 cm Durchmesser drücken, am Rand etwas hochziehen, 1/4 Std. im auf 200°C vorgeheizten Ofen vorbacken.

Haselnüsse und Beeren miteinander mischen. Die Eiweiß mit dem Zucker steif schlagen, unter die Nüsse-Beeren-Mischung heben. Den Belag auf den vorgebackenen Boden geben und im auf 180°C vorgeheizten Ofen ca. 3/4 Std. backen.

Zu Gast bei Werner

Vorwort von Werner O. Feißt

»Was essen Sie eigentlich jeden Tag?«, werde ich manchmal von Zuschauern gefragt, die sich weiß was vorstellen, wovon sich so ein Moderator wohl ernährt. Sie sind dann immer ein wenig enttäuscht, wenn meine Aufzählung dessen, was ich heute zum Mittagessen gehabt habe und gestern und vorgestern, so gut wie keine sensationellen Dinge enthält. Gelbrüben mit Speck, Linsen mit Würstle, Spätzle mit Senfsauce, Lauchgemüse mit Kartoffeln, Kartoffelsuppe mit Zwetschgenkuchen, nix Besonderes! Und Kathrin würde auch nichts anderes aufzählen: Alltagsgerichte halt, wie sie unsere Nachbarn zubereiten und essen.
Bei Kathrin ein wenig italienischer, bei mir ein wenig deutscher und manchmal ein wenig mediterraner. Aber wer unsere Sendungen kennt, der weiß, dass er nichts anderes erwarten kann. Auch das, was in unseren Sendungen gekocht wird, ist Alltag. Nichts Aufwändiges, nichts Zeitraubendes, nichts was eben unsere Großmütter nicht auch gekocht hätten. Vor allem kein Chichi, Zubereitungsarten, bei denen der Arbeits- und Finanzaufwand in keinem Verhältnis zum kulinarischen Ergebnis mehr stehen.
Und manchmal fragt der Zuschauer weiter nach den Lieblingsspeisen.
Das bringt mich erst recht nicht in Verlegenheit. Viel schwerer wäre zu beantworten, was ich *nicht* gern esse. Irgendwann hat einmal eine Freundin meiner Frau diese dahingehend beraten wollen, mich so zu ernähren, dass mir die Lust am Essen schwindet und ich abnehme, nämlich mit Gerichten, die ich nicht mag. Sie hat's dann aufgegeben, nachdem ich – von meiner Frau bestärkt – versichert hatte, dass ich außer »Lungenbeuscherl«, sprich Lungenragout, und gebratenem Euter alles gern esse. Manches wie z.B. Kutteln, die besagter Dame als das Verabscheuenswerteste erschienen, sogar ausgesprochen gern.
Aber trotzdem gibt es Gerichte, die ich besonders gern habe und die ich besonders gern zubereite. Meine Frau berücksichtigt das aus der langjährigen Erfahrung, dass diese Gerichte sozusagen aus meiner Pfanne besonders gut schmecken.
Nein, ich koche nicht jeden Tag. Dazu fehlt mir einfach die Zeit und im Großmutterbüro die Möglichkeit. Kochen ist für mich Freizeitfreude. Weihnachten, Ostern z.B. werden von mir bekocht. Meiner Frau, die gut aber nicht so gern kocht, ist es recht und meinen Töchtern auch.
Dann koche ich natürlich für die Freunde, die zum Essen eingeladen werden.
Das ist überhaupt das Schönste, mit Freunden zusammen sein bei einem guten Essen und einem guten Tropfen. Das schafft Gemeinsamkeit und löst die Zunge. Nicht zu dummem Geschwätz. Sondern zu gescheiten Geschichten und kluger Diskussion, wo man gern zuhört. Man hat die Freunde, die man verdient. Die Geschichten zu erzählen wissen und Meinungen vertreten können. Und so gehören Geschichten zum Essen dazu. Sie sind die eigentliche Würze, die dem schönsten Essen die Krone aufsetzen. Darum haben wir in diesem Buch nicht nur unsere besten Rezepte preisgegeben, sondern auch unsere schönsten Geschichten. Übrigens auf die Gefahr hin, dass unsere Freunde sie längst kennen. Genauso wie unsere Freunde auch unsere Lieblingsrezepte schon oft gegessen haben.
Das Größte ist, wenn eine oder einer unter den Freunden ist, der auch ein Lied zu singen weiß.
Aber von diesem höchsten Glücksfall kann man nur träumen bzw. schwärmen.
Am besten ist, wenn man beim Essen der Gerichte und beim Lesen der Geschichten eine CD auflegt, mit Liedern der Freunde: Joana, René Egles, Roland Engel, Jean Pierre Albrecht, Hein und Oss Kröher, und all der anderen ...
Und jetzt: Guten Appetit und viel Vergnügen!!!

Saure Kutteln

1 kg	*Kutteln (vom Metzger vorgekocht, wie in Baden üblich!)*
1/2	*Zwiebel*
40 g	*Butterschmalz*
50 g	*Mehl*
3 – 4 EL	*Tomatenmark*
1/2 l	*Fleischbrühe*
	Pfeffer aus der Mühle
2 – 3 EL	*trockener Weißwein (Riesling oder Silvaner)*
1 EL	*Weinessig*
	Petersilie

Die Kutteln waschen und in ca. 5 mm breite Streifen schneiden. Die fein gehackte Zwiebel im Butterschmalz glasig dünsten, die Kuttelstreifen dazugeben und etwa 15 Minuten unter ständigem Rühren leicht anbraten. Mit Mehl bestäuben und weiter rühren. Nach etwa 10 Minuten zuerst das Tomatenmark beifügen. Noch etwas rühren und mit der Fleischbrühe ablöschen.

30 Minuten auf ganz kleinem Feuer köcheln lassen. Mit Salz, Pfeffer, Wein und Essig abschmecken. Mit Petersilie bestreuen.

Meine Mutter hat Bratkartoffeln dazu serviert.

Saure Kutteln

RIESLING

Nierle

2 schöne Kalbsnierle
Milch
Butter
2 Schalotten
Cognac (Martell, Hennessy oder sonst ein guter Markencognac)
Salz
Pfeffer

Die Nierle halbieren und von Haut, Fett, Adern, Gefäßen befreien und für eine Stunde in Milch einlegen.

In einer Pfanne frische Butter schmelzen, die sehr fein gehackten Schalotten hineingeben und bei ganz kleinem Feuer glasig werden lassen. Dann die in sehr dünne Blätter geschnittenen Nierle dazugeben. Wenn die Nierle nicht mehr rosa sind, mit Cognac ablöschen, flambieren, salzen und pfeffern. Fertig sind die Nierle.

Wer es etwas deftiger mag, nimmt Schweinenierle.

Ein trockener Reis schmeckt hervorragend dazu oder frisches Weißbrot.

Nierle

Wiener Zwiebelrostbraten

4	*Rinder-Lendenschnitten (jede Schnitte sollte ca. 180 g schwer sein)*
100 g	*Schwarzwälder Vesperspeck (nicht zu mager)*
4	*Zwiebeln*
3 TL	*Rosenpaprika*
	Butterfett
1/8 l	*Sauerrahm*
	Fleischbrühe
1 TL	*Mehl*

In einer tiefen Bratpfanne den klein gewürfelten Speck rösten. Wenn das Fett geschmolzen ist, die in Ringe geschnittenen Zwiebeln darin bräunen.

In einer zweiten Pfanne die gut geklopften Lendenschnitten in Butterfett schön braun braten.

Sobald die Zwiebeln schön gebraten sind, die Pfanne vom Feuer nehmen und den Rosenpaprika darüber stäuben (darf nicht braun werden, sonst wird er bitter). Die Lendenschnitten darauflegen, mit Fleischbrühe aufgießen, sodass sie gerade bedeckt sind. Zugedeckt auf ganz kleinem Feuer 1 1/2 bis 2 Stunden weich schmoren.

Zum Schluss 1 TL Mehl mit dem Sauerrahm gut vermischen und unter die Sauce rühren. Noch ein paar Minuten ziehen lassen. Mit Salz und Pfeffer abschmecken (falls man keinen Brühwürfel zur »Fleischbrühe« verwendet hat).

Schmeckt mit Nudeln, Kartoffelbrei und Reis.

Wiener Zwiebelrostbraten

Frühling

Es war ein besonders grauer Tag in einem besonders grauen März. Wochenlang hingen schon düstere Triefwolken über der Stadt und die Schirme und Regenmäntel wollten nicht mehr trocken werden. Früh kam der Abend, noch grauer, noch trostloser. Das blaue Licht der Neonlampen über den Schreibtischen war alles andere als geeignet, die Stimmung aufzuhellen.

Er starrte auf den Bildschirm seines PC, auf dem er einen besonders diffizilen Text bearbeitete. Der musste noch vor Feierabend ins Internet gestellt werden. Aber er war noch keinesfalls fertig. Es ging um die Vorstellung einer neuen Produktion. Der Produktion eines Dokumentarfilms, den seine Firma in diesen Tagen fertig stellte, und für den es Käufer, Fernsehanstalten zu finden galt. Den Inhalt hatte er bereits beschrieben, aber das war eben auch die »leichteste Übung«, wie er zu sagen pflegte. Jetzt ging es darum, die Form zu beschreiben und dabei die Vorstellungskraft eines möglichen Käufers so anzusprechen, dass ihm der Text »Lust auf mehr«, eben das ganze Produkt, machte. Der Film handelte von einer Insel in der Ägäis. Es sollte doch an einem grauen Tag wie diesem leicht sein, über einen solchen Film zu schreiben. Aber es wollte und wollte ihm nicht gelingen, die besondere Atmosphäre des Films zu treffen. Die Formulierungen blieben einfach im Unverbindlichen und Nichtssagenden.
Und wie immer, wenn ihm eine berufliche Aufgabe nicht auf Anhieb gelang, begann er an seinen Fähigkeiten zu zweifeln. Kollegen fielen ihm ein, die so einen Text einfach niederschrieben – und der Text war dann auch noch gut. Er brauchte Zeit, er musste an so einem Text feilen, ihn umstellen, neu formulieren, anders formulieren und erreichte dennoch nie die sprachliche Eleganz der Kollegen.

»Was kann ich eigentlich?«, dachte er, und ein halbes Dutzend Misserfolge kamen ihm in den Sinn, trübten seinen Geist. Er schaute aus dem Fenster hinaus in den grauen Abend, in dem Autoscheinwerfer leuchtende Bahnen zogen. Wassertropfen liefen an der Fensterscheibe herunter. Es war ihm ums Heulen.
Das akustische Signal einer eingehenden E-Mail riss ihn aus seinen Depressionen.
Der Bildschirm forderte ihn auf, die E-Mail zu öffnen. Er schob den Cursor mit der Maus auf die Aufforderung und gab den Befehl zu öffnen.

»Sehr geehrtes Redaktionsteam,

ich schätze Ihre Pressearbeit und benutze gerne Ihre Texte. Nur sollten Sie sich vor so grundfalschen Angaben hüten, wie sie in dem Text zu Ihrem Kreta-Film enthalten sind. Auf Kreta trinkt man keinen türkischen, sondern griechischen Kaffee. Auch die Kreter haben ihre jahrhundertealte Abneigung gegen ihre Unterdrücker nicht abgelegt. Nichts für ungut. Aber als langjährige Kreta-Fahrerin musste ich das einfach loswerden.

Mit freundlichen Grüßen

Gisela Schwarz, Frankfurt«

Er fühlte wie der Ärger hochstieg, der Ärger über eine dumme Besserwisserin, die irgendwann einmal gehört hatte, dass man einem Griechen gegenüber von griechischem Kaffee sprechen muss. Und schon formulierte er eine bissige Antwort, in die er all seine persönliche Frustration dieses Abends hineingoss. Aber dann dachte er: Wir sind ja auch auf sie angewiesen. Wenn sie in ihrem Blatt auf unseren Film nicht hinweist, dann wird er nicht verkauft.

»Sehr geehrte Frau Kollegin,« schrieb er.

»Sie haben Recht, die Türken haben zwar den Kaffee und das Kaffeetrinken nach Griechenland gebracht, aber für die Griechen ist es halt aus begreiflichen Gründen griechischer Kaffee.

Mit besten Grüßen

Axel Reichenbecher«

Dann wandte er sich wieder seiner Ägäis-Insel zu und dem sperrigen Text, den er bisher hatte. Das Signal einer eingegangenen E-Mail. Sie kam wieder von Gisela Schwarz.

»Sehr geehrter Herr Kollege,

im Grunde genommen haben Sie ja Recht. Aber ist Ihnen niemals der feine Unterschied aufgegangen zwischen einem Kaffee, wie sie ihn in Griechenland trinken und dem aus der Türkei? Mögen Sie nicht diesen leichten Geschmack von Kardamom, den nur die Türken ihrem Kaffee zu geben wissen?

Mit besten Grüßen

Gisela Schwarz«

Dieses Mal machte er gar nicht den Versuch, sich mit seinem Textproblem wieder auseinander zu setzen, er schrieb gleich eine Antwort.

»Liebe Kollegin,

Sie haben wieder Recht. Nur haben Sie bestimmt auch bemerkt, wie die gute alte Sitte der Zugabe von Kardamom in den Kaffee nicht nur hier in Deutschland, sondern auch in der Türkei unter dem Einfluss der Touristen abnimmt. Und seien Sie ehrlich, wann haben Sie einen türkischen Kaffee getrunken, der so betrachtet den Namen verdient?

Herzliche Grüße

Axel Reichenbecher«

Diesmal dauerte es keine Minute, bis die Antwort da war.

»Lieber Kollege Reichenbecher,

Sie haben ja so Recht, aber Sie sehen auch, wie wichtig es ist, dass Pressemenschen wie wir bei solchen Begriffen sorgfältig arbeiten. Schließlich haben wir eine Verantwortung, auch der Kultur unserer Nachbarvölker gegenüber.

Herzlich

Ihre Gisela Schwarz«

Und er schrieb:

»Liebe Gisela Schwarz,

ich glaube, man muss das an Ort und Stelle nachprüfen. Wie der Zufall es will, habe ich noch zwei Wochen Urlaub vom vergangenen Jahr, genug Zeit, um in Antalya der Sache auf den Grund zu gehen. Vielleicht können Sie mich dabei unterstützen?

Herzlich

Ihr Axel«

Aber es kam keine Antwort mehr. Er schaute auf die Uhr. Es war zwei Minuten nach fünf. Sie macht pünktlich Feierabend, dachte er. Und das tat ein klein wenig weh.
Aber die Neonlampen brannten inzwischen bedeutend freundlicher. Draußen war es auch wieder etwas heller geworden. Offenbar rissen die Wolken auf. Er freute sich auf Antalya und auf seinen Urlaub. Den Ägäis-Text schrieb er in wenigen Minuten zu Ende.

Am anderen Morgen war er eine Viertelstunde früher im Büro als notwendig. Das kam sonst nie vor. Er schaltete seinen PC ein und da war tatsächlich eine E-Mail:

»Lieber Axel,

teilen Sie mir bitte Ihre Reisedaten mit. Der Zufall will es auch, dass ich in nächster Zeit eine Reisereportage über Fethiye zu machen habe. Vielleicht lässt sich ein Treffen arrangieren. Beim Kaffee selbstverständlich.

Grüße

Ihre Gisela«

Und siehe da, der Winter war vorbei.

Badisches Ochsenfleisch mit Meerrettichsauce (Rezept Seite 82)

Badisches Ochsenfleisch

1 kg Ochsenbrust wie gewachsen (Hochrippe, Brustkern, Brustspitze)
500 g Rinderknochen, davon wenigstens 1 Markknochen
2 große Karotten
2 Stangen Lauch
1/2 Sellerieknolle, möglichst mit Blättern
2 mittelgroße Zwiebeln (halbiert)
2 Lorbeerblätter
4 Nelken

Die Knochen mit dem Wasser aufsetzen. Wenn das Wasser heiß ist, Gemüse und Gewürze hineingeben. Salzen. In die kochende Brühe Fleisch dazugeben. Bei mittlerem Feuer 1 1/2 bis 2 Stunden sacht kochen lassen. Dabei darf die Brühe nicht strudeln, weil sonst das Fleisch trocken und die Brühe trüb wird.

Das Fleisch herausnehmen, einige Minuten ruhen lassen. In dünne Scheiben schneiden. Anrichten. Eventuell mit dem Gemüse garnieren.

Die Brühe für Nudelsuppe verwenden.

Nudelsuppe

250 g Fadennudeln
Salz
Pfeffer
Muskatnuss
Schnittlauch
evtl. ein Schuss Kirschwasser

In reichlich Salzwasser die Fadennudeln weich kochen und mit der oben beschriebenen Brühe vermischen. Mit Salz, Pfeffer und Muskatnuss abschmecken. In den Suppenteller eventuell einen Schuss Kirschwasser geben, die Nudelsuppe darüber geben, fein geschnittenen Schnittlauch darüber streuen und heiß servieren.

Meerrettichsauce

1/2 Stange Meerrettich
50 g Butter
50 g Mehl
1/4 l Milch
1/4 l Fleischbrühe
1 Prise Zucker

Meerrettichstange waschen und schaben, sodass sie schön weiß wird. Meerrettichstange reiben (senkrecht zur Reibe halten!) Sofort in einem Topf die Butter schmelzen (Meerrettich darf nicht stehen, sonst wird er schwarz. Notfalls mit Mehl bestäuben!). Meerrettich in Butter 5 bis 8 Minuten dünsten.

Mehl darüber stäuben, weiter rühren. Nach 5 Minuten mit Brühe und Milch ablöschen. Mit Salz und Zucker abschmecken.
Zugedeckt noch etwas köcheln.

Salzkartoffeln, Salat und Süßsaures z.B. Kürbis dazu servieren.

Grießpudding mit Mostsauce

Dies ist ein Lieblingsrezept meines Freundes Alfred.

1 l Milch
ca. 150 g Grieß
20 g Butter
1 Prise Salz
1 Ei
Zitronenschale
weiße Sultaninen
geschälte, geriebene Mandeln

Grieß in die kochende Milch einrühren. Butter und Salz zugeben, ca. 10 Minuten ziehen lassen. Etwas erkalten lassen. Das Ei, Zitronenschale, Sultaninen und Mandeln beigeben und alles gut durchmischen. In eine mit kaltem Wasser ausgespülte Schüssel füllen, erkalten lassen und stürzen.

Mostsauce

1/4 l Weißwein
1/4 l Süßmost
1 TL Stärkemehl
2 Eier
2 EL Zucker
1 Prise Zimt
etwas Zitronensaft

Weißwein und Süßmost mit dem Stärkemehl gut aufkochen lassen. In einer Schüssel Eier, Zucker und Zitronensaft verrühren und zu der Masse im Topf geben. Zusammen noch einmal aufkochen lassen. Nach dem Erkalten zum Grießpudding servieren.

Grießpudding mit Mostsauce

Cannes

Es ist viele Jahre her. Eines Tages fand ich auf meinem Schreibtisch eine Einladung aus Cannes zu einer Fernseh-Programm-Messe. Die Einladung ließ keinen Zweifel daran, bei dieser Gelegenheit würde man das Neueste und Beste aller Fernsehproduktionen der Welt zu sehen bekommen. Diese Aussicht reizte mich und noch mehr reizte mich der Ort der Veranstaltung: Cannes, die Côte d'Azur, der Frühling. Es war März. Bei uns hatte das graue Wetter des Winters, die feuchte schmuddelige Kälte noch nicht aufgehört und am Mittelmeer, so nahm ich mit Recht an, würde Frühling sein, würde es warm sein, würde die Sonne scheinen von einem blauen Himmel.

Die Reise wurde mir von meinem Brotgeber bewilligt und so saß ich in einem angenehmen Flieger der Swissair, der mich in nicht viel mehr als einer Stunde von Zürich nach Nizza brachte. Er flog vom blauen Mittelmeer her an, das gab Gelegenheit, die Seefront von Cannes, von Golf Juan, von Antibes schon einmal zu sehen. Und dann setzte der Flieger auf, rollte aus und wir waren auf dem Airport Côte d'Azur gelandet. Feißt, du bist in Nizza!, sagte ich mir. In Nizza! Welcher Klang. Wie viel Fernweh war für mich mit diesem Namen verbunden. Vor dem Krieg, da war die Reise nach Bern, in die Schweiz zu Onkel und Tante, gerade noch erschwingbarer Luxus. Und noch nicht einmal legal zu ermöglichen: Denn nur fünf Reichsmark erlaubte der NS-Staat seinen Untertanen ins Ausland mitzunehmen!
Da musste Mutter einiges im Korsett verbergen. Im Krieg war ich Gott sei Dank zu jung für die kriegerischen Europarundreisen des Reisebüros Hitler. Nach dem Krieg – ich war inzwischen in jenem Alter, in dem heutzutage die jungen Leute zum ersten Mal New York sehen – war an Reisen nicht zu denken, weil die Besatzer eine Reise von Freiburg nach Karlsruhe bereits für unvereinbar mit ihren demokratischen Umerziehungsmaßnahmen hielten und weil wir, meine Mutter und ich, nach der Währungsreform gerade nur so viel Geld zur Verfügung hatten, dass es uns zum Urlaub im Kleingarten am Hölderlebach reichte. Es blieb die Möglichkeit, zu träumen – und das hab ich ausführlich getan: vom Mittelmeer, von Städten wie Dubrovnik, Venedig, Palermo, Smyrna, von der Côte d'Azur, Nizza, Cannes ...

Die Tür unseres Fliegers wurde aufgeschwungen, ein Schwall lauer Frühlingsluft wehte herein. Als ich die Treppe hinabstieg, sah ich die ersten Palmen. Hinter der Zollabfertigung, das gab es ja damals auch noch, stand ein junger Mann mit einer Tafel. Da stand darauf »MIP, Cannes«. MIP, das war eben der Marché internationale des programmes. Ich drängte mich mit meinem Koffer hin und dann brachte uns eine Dame zu einem Kleinbus, mit dem wir von Nizza nach Cannes gefahren wurden. In den sinkenden Abend. Als wir Cannes erreichten, war es Nacht.

Im Empfangsbüro in Cannes bekam ich eine Hoteleinweisung in das Hotel Miramar, das sich als einer der großen Hotelpaläste an der Croisette, der großen Prachtstraße am Meer, erwies. Das Zimmer, in das ich dort einzog, war für mich überwältigend: vom riesigen französischen Bett bis zum Marmorbadezimmer, Spiegel an den Wänden und Gemälde, Teppiche. Auf dem Tisch standen eine Schale mit Früchten und ein Sektkühler mit einer Flasche »Veuve Cliquot«.
Endlich, so hatte ich das Gefühl, ein Hotelzimmer nach meinem Geschmack. Wahrscheinlich würde ich heute darüber lachen, aber ich war damals halt noch nicht ans Reisen und an schöne Hotelzimmer gewöhnt. Vielleicht, es war ja Anfang der 70er-Jahre, waren Hotelzimmer ganz generell auch noch nicht das, was sie heute sind. Immerhin haben 30 Jahre Reisen und anspruchsvolle Reisende ja wohl einen Einfluss gehabt.

Ich suchte die Preisliste, fand sie und erschrak über alle Maßen. Der Preis überstieg das, was mir der Südwestfunk an Übernachtungskosten und Spesen pro Tag zahlte um das Zwei- oder Dreifache. Was also tun? Ich beschloss, wohnen zu bleiben und lieber auf das Essen zu verzichten.
Das war zunächst auch gar nicht so schwer, denn für den gleichen Abend hatte ich schon im Hotel eine Einladung gefunden: das Fest der Casino-Gesellschaft von Cannes im großen Casino. Da gab es ein Buffet mit den Herrlichkeiten des Mittelmeers, mit Krabben, Langusten, gekochten Fischen, Fischterrinen, Salaten aller Art, Früchten, Desserts und natürlich zu trinken, was einen erfreute, vom Champagner bis zum Burgunder Rotwein. Ich jedenfalls machte den Versuch, nach dem Vorbild eines Kamels auf Vorrat zu essen. Nur ist der Mensch auf dieses Verfahren nicht so eingerichtet. Im Gegenteil. Isst er am Abend viel, hat er am nächsten Morgen umso größeren Hunger. Natürlich, da war das Frühstück. Aber die Frühstückskultur war halt auch noch nicht auf dem heutigen Standard. Da gab es eben kein Buffet, auch nicht im Hotel Miramar, sondern das, was man damals kontinentales Frühstück nannte, bestehend aus einem Wecken, einem Croissant, Butter und Marmelade. Sie waren für jeden Gast schon neben seiner Tasse gerichtet.
Tröstlich war der französische Kaffee, bitter und schwarz, ich liebe ihn seit eh und je. Seit wann eigentlich? Seitdem im Krieg aus Frankreich zurückkehrende Krieger diesen Kaffee meiner Mutter mitgebracht hatten. Sie brachten ihn auch anderen, denen war er zu bitter. Da war meine Mutter fein raus, denn ihr ging es wie mir. Sie mochte ihn.

Am Mittag war ich Gast eines Kollegen der schreibenden Zunft. Er vertrat irgendeine Berliner Zeitung. Er lud mich in die Blue-Bar ein. Sie war direkt neben dem alten Palais Festival, dem Ort unseres Marktes. Da lernte ich das Bescheidenste kennen, was man sich leisten konnte: Salade niçoise.

Am Abend war ich zu Gast bei jenem deutschen Produzenten und Programmhändler, den die Öffentlichkeit vielleicht als einzigen hierzulande mit Namen kennt. Er lud ein in die Mühle in Mougins, dort wo man eben hingeht, wenn man an der Côte d'Azur gut essen will. Da waren dann alle Kollegen aus Deutschland und Österreich und der Schweiz. Ihre schönen Damen in noch schöneren Kleidern, mit glitzerndem Schmuck. Was es zu essen gab, längst hab ich es vergessen, aber es war erlesen. Als ich mich beim Gastgeber für die Einladung bedanken wollte, fand ich ihn an einem kleinen Tisch in einer dunklen Ecke. Ein bescheidener Mann.
Später habe ich auch seine übrigen sympathischen Seiten kennen gelernt.

Ja und so ging das ganz gut. Aber dann kamen zwei Tage ohne Einladung. Da musste ich mich von Frühstück zu Frühstück durchhangeln. Bei Marmeladebrötchen und Croissant. Einmal habe ich mir einen Salade niçoise geleistet. Mit schlechtem Gewissen. Aber ich hatte ja so Hunger!

Wahrscheinlich misst man heutzutage meine Situation mit den heutigen Verhältnissen. Natürlich bezahle ich heute auch mit einer Kreditkarte, ich kann sogar dem Hotelier die Wahl zwischen mehreren lassen. Aber so etwas gab es halt in den Sechzigern noch nicht. Es gab auch keinen Geldautomaten, der einem pro Tag zweitausend Mark oder ihren Gegenwert ausspuckt.
Ich hatte mein Übernachtungsgeld und meine Spesen bar bei mir. Natürlich gab es die Möglichkeit Euroscheck. Aber pro Scheck händigte einem die fremde Bank gerade den Gegenwert von 300 Mark aus. Und – ich hatte nur drei Schecks bei mir! Also blieb mir einfach nichts anderes übrig, als zu sparen.
Auch weil ich Angst hatte vor meinem Eheweib. Nie, gar nie wäre ich imstande, ihr den Luxus zu erklären, in einem solch teuren Hotelzimmer wohnen zu bleiben. Sie hielt mich recht streng, schon mit dem

Taschengeld: Ein junger Fernsehmensch verdiente damals noch bescheiden. Wir hatten gebaut. Und wir hatten zwei kleine Kinder ...
Dafür konnte ich in Cannes von früh bis spät fernsehen. Damals gab es noch keine Videorecorder, alle Programme wurden zentral abgespielt und in vier verschiedenen Sälen des Festivalgebäudes konnte man das Programm sehen, das einen interessierte. Dazu gab es noch Filmprojektionen in weiteren Sälen, sodass man ununterbrochen unterwegs war. Aber natürlich macht einen fernsehen nicht satt. Allerdings habe ich damals ungeheuer viel gelernt. Nicht nur über das Metier im Allgemeinen und seine Zukunft – schließlich waren damals schon Programme für Geistesschwache aus den USA und aus Japan zu sehen, wie sie bei uns erst in den letzten Jahren üblich geworden sind –, nein es waren auch aufregende neue Präsentations- und Moderationsformen zu sehen, neue Formen Geschichten zu erzählen und Geschichte.

Dann fragte mich eine Kollegin des Bayerischen Rundfunks mit dem schönen Namen »Busemann«, dem sie allerdings nicht so recht gerecht wurde, ob ich sie bei einer Fahrt nach Antibes begleiten würde. Sie hatte sich ein Auto gemietet und wollte nicht alleine fahren. Natürlich ging ich mit ihr und natürlich schaute ich mit ihr im Château Grimaldi die Keramiken und die Zeichnungen und die Gemälde an, die Picasso bei seinem Antibes-Aufenthalt hinterlassen hatte. Die überaus schlanken Menschenfiguren des Giacometti auf der Mauer. So seh' ich bald aus, dachte ich, wenn ich noch lange hier auf der MIP herumfaste.

Dann gingen wir auf den Markt und sahen die Herrlichkeiten, die so an der Côte d'Azur an Früchten wachsen und dazu Oliven und Käse und Würste und Schinken und Weine und Schnäpse. Ich und mein zugebundener Geldbeutel! Dann kam die Stunde der Wahrheit. Natürlich musste ich Frau Busemann einladen. Das verlangte einfach die Höflichkeit. Ich verfluchte mich, weil ich die Einladung nach Antibes angenommen hatte. Ich hatte einfach nicht weit genug gedacht, weit genug bis zur notwendigen Einladung. Ich versuchte die Aufmerksamkeit von Frau Busemann auf Salade niçoise zu lenken, aber ihr Sinn stand nach was anderem, dessen Preis bedeutend höher lag. So wurde auch ich schwach. Ich sah größte finanzielle Probleme auf mich zukommen.
Dafür lernte ich einige weitere Feinheiten der provençalischen Küche kennen. Mein Versuch, mich zurückzuhalten und zu sparen, brach an den wunderbaren Düften provençalischer Küchenherrlichkeit.

Ich brachte dann das Gespräch auf die ungeheuren Preise an der Côte d'Azur, vor allem der Hotelzimmer, die doch so gut wie nicht den Möglichkeiten armer Fernsehschaffender angepasst waren. Das rief das Verwundern von Frau Busemann hervor. Sie sagte: »Der Preis kann Ihnen doch egal sein, den zahlen Sie ja doch nicht.« Ich dachte, sie meinte, das müsse mein Arbeitgeber bezahlen. Ich entgegnete: »Das erstattet mir der Südwestfunk nie. Zahlt der Bayerische Rundfunk diese hohen Preise?«
»Wieso der Bayerische Rundfunk?«, fragte sie. »Sie sind doch genauso wie ich eingeladen vom Veranstalter und da gehören auch unsere Hotelzimmer dazu.«
Da ging die Sonne auf. Aus meinem Gefühl, über meine Verhältnisse zu leben, das ich bis eben hatte, wurde schlagartig das Bewusstsein von Reichtum. Ja, wenn ich mein Zimmer gar nicht bezahlen müsste, dann hatte ich ja hunderte von Francs gespart und konnte die restlichen Tage in Cannes so leben, wie man in Cannes eben leben muss: genießen, was es zu genießen gab.

Natürlich habe ich das Frau Busemann nicht gesagt, aber sie hat sich bestimmt gewundert, als ich die Weinbestellung noch einmal kurzfristig revidiert habe, um einen Blanc de Blanc der Domaine Ott zu ordern, denn dass der gut war, hatte ich inzwischen schon gelernt. Meine Einladung zu einem besonders feinen Cognac zum Kaffee hat sie wegen des Autofahrens ausgeschlagen. Sie hat dafür ein beeindruckendes Dessert gegessen.

Am Abend erlaubte ich mir, jener Versuchung nachzugeben, die mich seit Tagen verfolgte. Direkt neben meinem Hotel Miramar war eine Pizzeria. Diese Pizzeria aber stellte nicht nur Pizza her, sondern machte die allerbesten Pfeffersteaks, die ich je gegessen habe, mindestens drei Zentimeter dick und wunderbar mürb. Dazu gab es Blattspinat mit reichlich Knoblauch.

Der abschließende Höhepunkt war dann ein Apfelkuchen aus dem Pizzaofen. Ein hauchdünner Scherben mit einem gläsernen Zuckerguss. Unvergesslich!

Er fällt mir ein, wenn ich an Cannes denke. Und die Fasttage sozusagen im Paradies. Vielleicht möcht‘ es sein, dass man sich die schönsten Dinge im Leben erst verdienen muss, z.B. mit Fasten.

Zwiebelsuppe

10 große Zwiebeln
80 – 100 g Butter
1 1/2 l Fleischbrühe
6 – 8 EL geriebener Käse (Greyerzer- oder Appenzellerkäse)
1 Glas Weißwein
1/2 Weißbrot
Salz
Pfeffer aus der Mühle
Petersilie

Die Zwiebeln schälen, in hauchdünne Ringe schneiden und in reichlich Butter glasig dünsten (nicht braun werden lassen!), Salz und Pfeffer darüber streuen und mit der Fleischbrühe übergießen. 20 Minuten kochen lassen.

Inzwischen dünne Weißbrotscheiben in Butter goldgelb anrösten. In jede Suppentasse abwechselnd geröstetes Brot und Käse geben. Die kochende Zwiebelbrühe mit einem Glas herbem Weißwein parfümieren und kochend in die vorbereiteten Suppentassen geben. Mit Petersilie bestreuen und sofort servieren.

Zwiebelsuppe

Auberginenpüree

Auberginenpüree

2 – 3 Auberginen
1/2 Tasse Olivenöl
2 Knoblauchzehen
Salz
etwas Zitronensaft

Auberginen waschen, mit spitzem Messer anritzen. Bei mittlerer Hitze (180°C) für etwa 45 Minuten in den Backofen geben, bis sie weich sind.

Der Länge nach halbieren. Mit einem Holzlöffel das Fleisch entnehmen. Mit Olivenöl, den durchgepressten Knoblauchzehen, Salz und Zitronensaft im Mixer zu einer feinen Creme verarbeiten.

Mit Weißbrot eine wunderbare Vorspeise.

Gebratenes Schweinekarree nach provençalischer Art

1 kg	*Schweinekarree (vom Hals oder von der Lende)*
10	*Salbeiblättchen*
3	*Lorbeerblätter*
3	*Knoblauchzehen*
1 EL	*Thymianpulver (oder im Mörser zerstoßener, gerebelter Thymian)*
1	*Tasse Olivenöl*
	Salz

Das Fleisch 24 Stunden vor dem Braten mit Salbeiblättern spicken. Salz, Thymianpulver und fein zerkleinerte Lorbeerblätter miteinander vermischen und das Fleisch mit dieser Mischung rundum einreiben.

Das gewürzte Fleisch in eine geeignete Schüssel legen, mit fein gehacktem Knoblauch bestreuen und mit dem Olivenöl übergießen. Für 24 Stunden kühl stellen.

Zur Zubereitung das Fleisch auf den Rost eines gut vorgeheizten Backofens (220°C) legen, in die Saftpfanne darunter etwas Wasser geben und zunächst bei starker Hitze, dann bei mittlerer Hitze (180°C) 1 1/2 bis 2 Stunden braten, wobei das Fleisch immer wieder mit dem Kräuteröl (Beize) bepinselt werden muss.

Schmeckt mit einem Risotto nach Mailänder Art oder ganz einfach mit frischem Weißbrot, einem grünen Salat und einem Glas Rotwein.

Sommer

Am Embarcadero von Locarno drängten sich die Menschen. Sie hatte sich eine Fahrkarte gekauft. Eigentlich wollte sie nur bis zur vorletzten Schweizer Station, dort wo das Haus der Freunde war, aber der freundliche Mann am Schalter machte sie darauf aufmerksam, dass ein Tagesbillett für das ganze Schweizer Becken nicht teurer war. Die Sonne schien von einem wolkenlosen blauen Himmel, die Berge des Gambarogno schienen nur einen Steinwurf weit entfernt. Jeder Baum, jedes Haus präsentierte sich gestochen scharf. Eine Sinfonie von Grün und Blau, zu dem der See noch seinen besonderen Akzent gab. Was für ein Glück, dachte sie, dass die dunstig schwülen Tage noch nicht begonnen haben, wenn das andere Ufer nur noch schemenhaft zu sehen ist und die Waschküchenhitze jede Ferienlaune verdirbt. Sie hatte das wiederholt erlebt und sich jedesmal vorgenommen, nie mehr Ende Juli, Anfang August ins Tessin zu fahren, aber dann waren halt doch die äußeren Umstände, die Urlaubswünsche der Kollegen, der Wunsch überhaupt in der Sonne Urlaub zu machen, schwimmen zu gehen, stärker.

Die wartenden Menschen waren fröhlich und laut, wie eben Touristen sind, die auf die Abfahrt eines Verkehrsmittels warten. Und sogar die Kinder quengelten noch nicht, sondern warteten geduldig mit ihren Eltern.

Sie hatte gut gefrühstückt und freute sich auf den Besuch bei den Freunden, die drüben im Gambarogno seit kurzem ein Haus besaßen, mit einem großen Garten voller Rosen. Hierher fahren können, wann immer man Lust hat, wenn man dem grauen Alltag im feuchtkalten Norden entgehen will, für ein Wochenende, für eine Woche, für einen Monat, das wär's. Aber natürlich nicht allein, so wie sie es war, seitdem sie mit Georg gebrochen hatte. Dann fiel ihr auf, dass außer ihr und einer Gruppe fröhlicher junger Mädchen mit Rucksäcken nur alte Leute und Paare auf das Schiff warteten.

Was mache ich falsch, dachte sie, dass ich allein in Urlaub fahren muss? Mache ich überhaupt etwas falsch? Georgs unbeherrschte Machoart kam ihr in den Sinn. Dann fielen ihr andere Männer aus ihrem Bekanntenkreis ein, verheiratete und unverheiratete. Unter den verheirateten war schon der eine oder andere, mit dem sie sich eine Zweisamkeit hätte vorstellen können; bei den anderen drängte sich der Gedanke auf, dass es besser ist, wie es ist. Natürlich hätte sie jederzeit Abenteuer haben können, für eine Nacht, für einen Urlaub. Das lag ihr nicht.

Sie schaute sich um, da waren natürlich Männer, die altersmäßig zu ihr gepasst hätten. Sie sah ihre taxierenden Blicke. Es war immer dasselbe. Ein Matrose schob das Tor an der Anlegestelle zurück, gab den Weg frei über den schmalen Steg auf das Schiff. Als sie ihre Fahrkarte vorwies, drängte sich der Mann hinter ihr an sie heran. Rasch lief sie über den Steg, setzte sich auf einen einzelnen freien Platz neben eine ältere Dame, die eine Art Einkaufstasche auf den Knien hielt.

Sie genoss die Fahrt, die Sonne, den warmen Fahrtwind, der mit ihren Haaren spielte. Sie hörte die Stimme des Schiffsführers, der über den Lautsprecher die einzelnen Stationen ausrief. Wo das Schiff am Ufer entlang fuhr, schaute sie zu den Ferienhäusern und Villen, die jetzt im Juli alle bewohnt waren: fröhliche Menschen in den Gärten, badende Kinder im See. Segelboote begegneten dem Schiff, Motorboote mit Wasserskiläufern im Schlepp, heitere nackte Frauen und Männer. Warum kann es bei mir nicht so sein? Dann die Anlegestelle von Gerra.

Sie verließ mit einer Gruppe von Wanderern, die lautstark jeden wissen ließen, dass sie hinauf wollten auf den Gambarogno, das Schiff, folgte ihnen ein Stück weit die Straße entlang, wo man hinabschaut auf die

kleine Bucht mit dem Dörflein, das nur noch aus Ferienwohnungen zu bestehen scheint. Dann hatten die Wanderer den Sentiero erreicht, verschwanden auf dem steilen Steinweg zwischen den alten Häusern. Sie fand eine Abkürzung, über die sie die Straße nach Ronco erreichte. Dann ist sie am Haus der Freunde, steigt die steile Treppe hinauf, wird stürmisch begrüßt von den Kindern, die sie als Spielkameradin lieben und sogleich darum streiten, wer zuerst mit ihr Federball spielen darf. Die Freunde sitzen auf der Terrasse unter einem großen Sonnenschirm und frühstücken. Sie sind noch nicht allzu lange auf. Die Freunde haben Gäste, Bekannte aus ihrer Heimatstadt, ein älteres und ein jüngeres Ehepaar. Alle trinken miteinander Kaffee, Tee, essen frisches Brot, das die Freunde in der Bäckerei an diesem Morgen schon geholt haben, und Butter und Marmelade.
Der Gastgeber und die beiden Männer trinken aus und beginnen mit Gartenarbeiten. Die Frauen unterhalten sich über Erziehungsfragen und Schulprobleme. Sie fühlt sich ausgeschlossen, konzentriert sich auf ihren Tee und den traumhaften Blick über den See auf Ascona, die Maggia-Mündung und die Berge.
Zwei der Kinder kommen und wollen sie zum Federball drängen. Nur zu gern steht sie auf, um den Kindern ihren Willen zu tun. Da kommt ein gut aussehender junger Mann, der sich von den anderen dadurch unterscheidet, dass er keinen Trainingsanzug trägt, sondern eine Gino-Hose, das dazu passende Hemd und Lederschuhe.
Die Hausfrau stellt ihn vor: Ein Kollege ihres Mannes, ebenfalls Naturwissenschaftler. Als er ihr die Hand gibt, schaut er ihr in die Augen. Sie spürt, wie sie rot wird. So etwas Blödes, denkt sie, ich werde rot wie ein Schulmädchen, in meinem Alter! Die Hausfrau stellt sie vor. Er richtet ein paar aufmerksame Fragen nach dem Verlauf ihres Urlaubs an sie. Sie hat das Gefühl, dass er merkt, dass sie lügt.
Sie stellt ihm eine frische Tasse hin, einen Teller und Besteck. Als sie versehentlich seine Hand berührt, durchläuft es sie heiß. Ihm scheint die Berührung unangenehm zu sein, dann er reagiert blitzschnell mit Wegziehen der Hand. Sie ist irritiert. Was bedeutet das?
Sie geht Federball spielen mit den Kindern. Er kommt vorbei auf dem Rückweg zu dem kleinen Gartenhaus, in dem er wohnt. Er bleibt stehen, schaut einen Moment dem Federballspiel zu, feuert den kleinen Jungen an: »So ist es recht, gib‘s ihr, ja nicht nachgeben.« Als sie ihn fragend anschaut, lacht er und sagt: »Wir Männer müssen zusammenstehen, sonst haben wir keine Chance gegen die Frauen.«
Der kleine Junge hat die Lust am Spielen verloren, geht im Pool schwimmen, aus dem gerade seine Mutter steigt. Sie setzt sich zu ihr auf die Steinbalustrade. Die Hausfrau lächelt und fragt: »Gefällt er dir?«

Sie spürt wieder, wie sie rot wird und gibt eine ausweichende Antwort. »Ach Gott«, sagt die Hausfrau, »er hat gerade eine arge Enttäuschung hinter sich. Im Augenblick kennt er nur Arbeit, um zu vergessen.«

Beim Mittagessen sitzen die beiden nebeneinander. Höflich bedient er sie. Sie genießt es. Während sie Kaffee trinken, verabschiedet er sich. Er muss nach Bellinzona fahren, ein Buch abholen, das ihm mit Eilpost geschickt wurde und das er dringend braucht. Sie meint, dass er sich ein wenig zu intensiv von der Hausfrau verabschiedet.
Sie versucht, ihre Rückkehr so lang wie möglich hinauszuzögern.
Aber er kommt nicht mehr. Schließlich wird es Zeit zum letzten Schiff. Beim Abschied sagt sie zur Hausfrau: »Darf ich euch noch einmal besuchen?«
»Natürlich«, sagt sie. »Jederzeit.«
Auf dem Weg zur Schiffsanlegestelle fährt er mit seinem Volvo an ihr vorbei, er winkt aus dem offenen Fenster. Es sind nur noch ein paar Schritte bis zum Schiff. Am späten Abend liegt sie in ihrem Bett. Die Balkontür hat sie weit geöffnet. Es ist inzwischen heiß

und schwül geworden. Sommer. Der Abendwind bringt keine Kühlung. Sie starrt ins Dunkle, sieht seine Augen, seine Hände, hört seine Stimme. Morgen, denkt sie, morgen fahr ich wieder hinüber.

Griechische Hühnersuppe
(Rezept Seite 96)

Griechische Hühnersuppe
Soupa me rizi awgolemono

1 EL Mehl
1 EL Butter
6 Tassen Hühnerbrühe (möglichst selbst kochen)
6 EL Rundkornreis
2 Eier
Saft einer Zitrone

Mehl in der Butter goldgelb schwitzen, unter ständigem Rühren mit dem Schneebesen die Hühnerbrühe hineinfließen lassen. Aufkochen.

Den gewaschenen Reis hineinrieseln lassen. Gut umrühren. Nochmals aufkochen. Dann vom Feuer nehmen und zugedeckt 20 Minuten stehen lassen, bis der Reis weich ist.

Eier schlagen und vorsichtig mit Zitronensaft vermischen. Etwas Suppe löffelweise dazugeben und diese Mischung in die Suppe gießen, umrühren und heiß servieren.

Smyrna-Fleischwürstchen
Soutzoukakia smirneika

Für die Fleischwürstchen

500 g Hackfleisch (am besten Lamm, sonst Kalb oder Schwein)
2 Scheiben Toastbrot
1 Zwiebel
1 Knoblauchzehe
1 TL Kumin (Kreuzkümmel)
1 Ei
Paniermehl nach Bedarf
Salz
Pfeffer
Olivenöl zum Braten

Hackfleisch in einer Schüssel mit einer Gabel lockern, das Weißbrot (ohne Rinde) einweichen, ausdrücken, klein zupfen und gut mit dem Fleisch vermischen.

Zwiebel und Knoblauch fein hacken, mit Kumin, Salz, Pfeffer mischen und unter die Fleischmasse mengen. Zum Schluss das Ei darunter mischen.

Wenn die Masse etwas zu flüssig ist, mit Paniermehl eindicken. Daumenstarke Würstchen formen und im Olivenöl von allen Seiten braun anbraten. Warm stellen.

Tomatensauce

1 kg frische Tomaten
1 mittelgroße Zwiebel
1 EL Zucker
1 EL Tomatenmark
1 Msp. Piment
1 Msp. Thymianpulver
Salz
Pfeffer

Smyrna-Fleischwürstchen

Im Olivenöl der Würstchen die fein geschnittene Zwiebel glasig dämpfen. Den Zucker dazu geben und braun karamellisieren lassen. Das Tomatenmark unterrühren, sodass eine Creme entsteht.

Die gehäuteten und in Viertel geschnittenen Tomaten dazugeben. Mit Piment und Thymian würzen.

Ca. 20 Minuten köcheln lassen, bis die Tomaten ganz zerfallen sind. Eventuell mit einer Gabel nachhelfen. Salzen und pfeffern.

Die Hackfleischwürstchen in die Sauce legen und 10 Minuten köcheln lassen.

Reis schmeckt dazu.

Pita mit Reis und Huhn
Kotoritzopita

1 mittelgroßes Suppenhuhn
2 geschälte Zwiebeln
1 Lorbeerblatt
3 Nelken
Salz
Pfeffer aus der Mühle
3 Tassen Rundkornreis (Arborio)
200 – 250 g Butter
4 Eier
1 großes Blatt Blätterteig (wenn möglich Filakrusta = fettlose Blätterteigblätter, in griechischem oder türkischem Geschäft besorgen)
Olivenöl für die Form

Das Huhn mit dem notwendigen Wasser, der Zwiebel, dem Lorbeerblatt, den Nelken, Salz und Pfeffer in einem Topf kochen, bis sich das Fleisch von den Knochen löst. Aus dem Sud nehmen, diesen durch ein Haarsieb gießen.

Mit 6 Tassen dieser Hühnerbrühe (eventuell Wasser zugeben, falls zu wenig Brühe) den Reis kochen.

Das Huhn entfleischen, alle Knochen, die Haut und Knorpel entfernen. Das Fleisch fein schneiden. In einer Kasserolle Butter schmelzen, das Hühnerfleisch und die mitgekochten, gut abgetropften Zwiebeln unter ständigem Rühren Farbe annehmen lassen.

In einer Schüssel den inzwischen fertig gekochten Reis, das Fleisch und die Eier gut vermengen. Mit Salz und Pfeffer abschmecken.

Eine Springform (24 cm Durchmesser) mit Öl ausstreichen, mit Blätterteig auslegen und mit der Fleisch-Reis-Mischung füllen.

Wenn möglich sollte so viel vom Teigblatt überstehen, dass man es über die Füllung schlagen kann, sonst ein rundes Blatt als Deckel auflegen.

In dem auf 180°C vorgeheizten Backofen ca. 40 Minuten backen.

Mangold, wie ich ihn mag

1 kg	*Stielmangold oder entsprechend viel Sommermangold*
3 – 4 EL	*Olivenöl*
3 – 4 EL	*Tomatenmark*
3	*Knoblauchzehen*
	Salz
	Pfeffer aus der Mühle

Mangold putzen und in ein Zentimeter breite Streifen (Blätter) bzw. Stücke schneiden. In viel Salzwasser ca. 15 Minuten blanchieren. Abgießen. Abtropfen lassen.

In einem Topf Olivenöl heiß machen. Tomatenmark und fein gehackte Knoblauchzehen darunter geben. Zu einer feinen Creme verrühren. Mit Salz und Pfeffer abschmecken.

Den blanchierten Mangold dazugeben, gut durchmischen. Heiß machen.

Einen einfachen weißen Mailänder Risotto dazu servieren oder Weißbrot.

Mangold

Ardèche

Eigentlich wollten wir in die Ägäis, Oss und ich und der Zwillingsbruder von Oss, Heiner. Oss hatte mir von Nikos erzählt, dem Kapitän, dessen Kaiki in Kalamata lag. Wir hatten beschlossen, in der Pfingstwoche mit ihm von Insel zu Insel zu fahren. Ich hörte im Geist schon das Tuck-Tuck des Schiffsdiesel. Ich sah das Meer sich am Bug des Schiffs brechen. Das Auf und Ab des Rauschens, wenn Wellen dagegenlaufen. Ich sah uns an Deck liegen, singend und musizierend, ich sah uns Fische fangen und den roten Wein von Porto Carras trinken. Ich sah uns abends in stille Buchten von abgelegenen Ägäis-Inseln einlaufen oder in den Hafen kleiner Fischerdörfer, sah uns in den Tavernen trinken, essen und tanzen. Ich hörte die Lieder und die Musik.
Aber es sollte nicht sein. Ein paar Tage vor Pfingsten rief mich Oss an und teilte mir mit, dass Nikos, der Kapitän, nicht auffindbar sei und dass man also diesen Plan fallen lassen müsse. Aber sie wollten an die Ardèche fahren, er und Heiner. Und ob ich mitkommen wollte.

Ardèche, das sagte mir aber auch gar nichts. Als ich das Oss offenbarte, beschrieb er mir das Paradies, auch den Weg dahin. Es hörte sich gut an: über die Autoroute de Soleil, die französische Sehnsuchtsautobahn, durchs Rhonetal, hinunter bis Bollene, knapp hinter den sechs Atommeilern von Pierrelatte und dann über die Brücke vom heiligen Geist, den Pont St. Esprit, zur gleichnamigen Stadt, von der man gern glauben möchte, dass die Mauren bis hierher kamen, und wo die Ardèche in die Rhone mündet. Den Fluss hinauf, an seiner tiefen Schlucht entlang oben auf dem nördlichen Rand, bis die Straße sich wieder zum Fluss senkt, am Pas de mousse.

»Du musst dann hinunterfahren an den Fluss, da ist ein Kanuverleih. Dort kannst du dein Auto parken. Dann legst du deinen Rucksack in ein Kanu und fährst hinüber ans andere Ufer. Du steigst auf dem Geißenpfad über die Höhe und wenn du auf der anderen Seite herunterkommst, siehst du unsere Zelte. Und bring deines mit.«

Ich habe es eingepackt, das Zelt, den Schlafsack und das an Kleidern, was man eben im Outdoor braucht. Bin dann hinuntergefahren an den Genfer See, an Grenoble vorbei, nach Valence. Aber bevor ich auf die große Autoroute hinaufkurvte, habe ich den Supermarkt besucht, direkt an der Auffahrt Valence. Ich habe Wein gekauft und Pastis, bis mein Rucksack voll war. Dann folgte ich dem Weg, den Oss beschrieben hatte.

Die Fahrt mit dem Kanu über den Ardèche-Fluss war ein wenig wackelig. Ich hatte den Rucksack auf dem Rücken behalten, und so war der Schwerpunkt in meinem Kanu zu hoch. Um ein Haar wäre ich in den Fluss gefallen. Aber ich kam drüben an.
Als ich auf der anderen Seite des Bergrückens herunterkam, habe ich gesungen. Von unten gab einer Antwort. Bei den Zelten stand der Heiner. »Der Oss ist schon wieder weitergefahren«, sagte er. »Er wollte mit der Gretel ans Meer.«
Einen Moment war ich enttäuscht, aber Heiner war ja da und seine beiden Buben. Ich hab mein Zelt aufgestellt. Wir haben Pastis getrunken mit dem kühlen Wasser aus der Höhle, die neben unseren Zelten als Küche diente. Ich hab Nudeln und Cornedbeef-Sauce gekocht, mit sauren Gurken drin und viel Zwiebeln, Tomaten und Paprika. Das hat nicht nur den Buben geschmeckt.

Nach dem Geschirrwaschen saßen wir auf der Bank über dem Fluss. Die Nacht war gekommen. Sie kommt schneller im Süden als daheim. Ein dicker Vollmond goss Silber auf den Fluss. Wir sangen unsere Lieder und erzählten Geschichten, bis das Feuer heruntergebrannt und die Weinflasche leer war. Dann gingen wir in unsere Zelte, um zu schlafen. Zehntausend Nachtigallen sangen. Es gibt schlimmere nächtliche Ruhestörungen!

Die Sonne war längst aufgegangen, als ich wach wurde. Heiner holte Wasser für Kaffee. Die Buben von Heiner standen im Fluss, wuschen sich und planschten. Ich kroch aus dem Schlafsack und ging barfuß durch das Gras, um es ihnen gleichzutun. Eine Schlange, dick wie ein Gartenschlauch mit hellen Streifen, flüchtete vor meinem großen Zeh. Das Wasser im Fluss war warm und seidenweich.

Tage am Fluss. Dann und wann war es nötig, ins nahe Städtlein zu fahren, um Lebensmittel zu kaufen. Es war wunderschön.

Dann kam die Zeit für das große Abenteuer, die Fahrt den Fluss hinunter. Vom Pas de mousse bis zum Ende der Schlucht sind es etwa 20 Kilometer, auf denen die Ardèche durch Engen und über Schnellen ostwärts fließt. Manche der Schnellen sind schwierig, die eine oder andere so sehr, dass der wenig geübte Kanufahrer aussteigt und sein Boot an dieser Stelle vorbeiträgt. Die Ardèche ist eigentlich das Reich der Kanufahrer.

Es war zur guten Stunde am Morgen, als wir losfuhren. Heiners Buben in ihren Kunststoffkajaks, Heiner und ich in einem Klepper-Zweier. Diese Fahrt ist unvergesslich schön. Die hohen, steilen grauen Felsen, 100 Meter und mehr, rechts und links, manchmal so dicht beisammen, dass nur für den Fluss Platz bleibt, dann wieder mit kleinen Wäldchen, mit Wiesen, mit Sandbänken. Manchmal bildet das Ufer eine Halbinsel, um die der Fluss herum fließt. Auf einer dieser Halbinseln steht eine Ruine, »la maladrerie des templiers« heißt diese Stelle auf der Karte. Es war eine Krankenstation der Templer. Abgelegen wie dieser Ort liegt, wahrscheinlich ein Pflegeheim für Aussätzige. Der Boden ist zerwühlt rund um die Ruine: Noch immer suchen Menschen nach dem sagenhaften Templer-Schatz.

Ein Stück weiter flussabwärts, wo die Felsen besonders hoch sind, sollen die Soldaten des Königs Templer in die Tiefe gestoßen haben. Damals, 1307, als in ganz Europa die Templer mit dem Segen des Papstes um ihren Reichtum gebracht, gefoltert, umgebracht wurden.

Ich habe meine Kamera dabei und filme die Fahrt auf dem Fluss. Immer wieder kommen Stromschnellen. Dann fließt der Fluss zunächst langsam, aber man hört das Rauschen des fallenden Wassers, dann geht es immer schneller und dann heißt es, zwischen den Felsen und Steinen durchkommen, die »Zungen« suchen, wo das Wasser tief strömt. Von Stromschnelle zu Stromschnelle gewinne ich Sicherheit. Aber dann kommt's. Dann treibt der Fluss unser Kanu mit dem Vorderteil unter ein überhängendes Stück Fels. Heiner ruft: »rückwärts rudern!« Ich rudere wie ein Wilder, aber dann wirft Heiner das Boot um, damit ich nicht an die Felswand gedrückt werde. Mit einem Schlag ist das Rauschen der Schnelle vorbei. Dunkles Grün, Luftblasen. Das Gurgeln des Wassers, das Mahlen der Kiesel. Ich schwimme nach oben. Der Fluss treibt mich aus der Schnelle heraus, ich steige an Land. Heiner hat das Boot und die Paddel. Es ist nichts passiert. Wir sind nass, nur meine Brille ist weg und aus meiner Filmkamera fließen Ströme von Wasser. Wir ordnen unsere Verhältnisse, wringen unsere Kleider aus und dann fahren wir weiter, auf dem Fluss, der nun ruhiger und breiter fließt.

Nun war die Ardèche eines der ersten FKK-Gebiete Frankreichs. Der Teil der Schlucht, durch den wir jetzt kommen, ist der, wo die Menschen nackt im Fluss baden und in ihren Zelten leben. Heiner singt hinter

mir Lieder vom Fluss, »Shenandoah« z.B. und Lieder vom Mississippi, von der Wolga, von der Elbe, vom Rhein. Heiners Stimme klingt wider zwischen den Felsen. Und schöne nackte Menschen erscheinen auf dem Felsen und am Ufer, um nach dem Sänger Ausschau zu halten. Heiner beschreibt mir wunderschöne hochbrüstige Mädchen, die ich ohne Brille nur als rosa Flecken vor einer grünen Wand erkenne.
Aber eines ist gewiss. Ich habe auf jener Fahrt die schöneren Mädchen gesehen als Heiner, weil ich sie in meiner Vorstellung gesehen habe, verzaubert von meiner Fantasie.

Dann war die Fahrt zu Ende. Wir zogen unsere Boote aus dem Wasser, verluden sie auf den Wagen eines Ardèche-Bauern, der sich einen Zustupf zu seinem Lebensunterhalt damit verdiente, dass er die Kanus wieder an den Ausgangspunkt zurückbrachte.

Am Abend saßen wir wieder am Feuer und blickten auf den silbernen Fluss. Im Handschuhfach meines Autos habe ich immer eine Reservebrille.

Samtsuppe (Rezept Seite 104)

Samtsuppe

4	*rote Paprikaschoten*
1	*Zwiebel*
1	*Knoblauchzehe*
50 g	*Butter*
50 g	*Mehl*
3/4 l	*Hühnerbrühe*
1 EL	*Tomatenmark*
	Salz
	weißer Pfeffer aus der Mühle
1/2 TL	*Zucker*
	Worcestersauce
1/8 l	*süße Sahne*
1 EL	*gehackte Petersilie*

Paprikaschoten in den auf 250°C (Gas Stufe 6) vorgeheizten Backofen legen und backen, bis die Haut ganz schrumpelig geworden ist. Die Paprikaschoten dann in ein feuchtes Küchentuch einschlagen, fünf Minuten ruhen lassen und häuten. Die Schoten aufschneiden, von den Samensträngen und Stängeln befreien und fein hacken (oder im Mixer pürieren). Zwiebel und Knoblauchzehe schälen, sehr fein hacken und in der heißen Butter glasig werden lassen. Das Mehl zufügen, hell anschwitzen lassen und mit der Brühe unter Rühren ablöschen. Bei nicht zu starker Hitze 15 Minuten köcheln lassen. Dann zusammen mit dem Paprikapüree durch ein Haarsieb streichen. Die Suppe mit Tomatenmark verrühren, mit Salz, Pfeffer, Zucker und Worcestersauce abschmecken und wieder erhitzen. Die Sahne steif schlagen.

Die Suppe in Tassen füllen, mit je einem dicken Sahneklecks bedecken und mit Petersilie bestreut auftragen.

Poulet sauté

1	*Poulet (Hähnchen oder Huhn)*
	Salz
	Pfeffer
2 EL	*Butterschmalz*
200 g	*frische blättrig geschnittene Champignons*
1	*fein gehackte Zwiebel*
100 ml	*herber Weißwein*
100 ml	*Hühnerbrühe*
1 TL	*Zitronensaft*
1 EL	*fein gehackte Petersilie*

Das Poulet in acht Teile schneiden, mit Salz und Pfeffer einreiben. Die Stücke in Butterschmalz von allen Seiten anbraten.

Pilze und Zwiebeln hinzufügen und mitdämpfen. Mit Wein und Brühe ablöschen. Zugedeckt dämpfen, bis das Poulet weich ist.

Die Sauce mit Zitronensaft und Petersilie abschmecken und über die auf einer Platte angerichteten Pouletstücke gießen.

Nudeln schmecken dazu.

Poulet sauté

Spezofai

800 g	*grüne und rote Paprikaschoten*
1 kg	*reife Tomaten*
1 kg	*Bauernwürste (grobe Schweinswürste, z.B. Schwarzwälder Bauernbratwürste)*
	Olivenöl
1 Knolle	*Knoblauch*
	etwas frische Pfefferminze
4 – 5	*Lorbeerblätter*
	Salz
	Pfeffer aus der Mühle
	Rotwein
1 Bund	*Petersilie*

Die Paprika waschen, Strunk und Kerne entfernen, in Viertel schneiden. Tomaten häuten, Kerne entfernen und vierteln. Würste in mundgerechte Stücke schneiden und in wenig Öl anbraten. Aus der Pfanne nehmen und in eine Kasserolle schichten.

Im Wurstfett die Paprika dünsten und auf die Wurst geben.

Die Tomaten, den fein gehackten Knoblauch, die fein geschnittene Minze, Lorbeerblätter, Salz und Pfeffer ins Wurstfett geben. Anbraten. Mit Rotwein ablöschen.

Einige Minuten köcheln lassen, zu Wurst und Paprika geben. Fein gehackte Petersilie darüber streuen. Noch etwas Olivenöl dazugeben. Alles gut vermischen. Noch 20 Minuten bei mittlerer Hitze köcheln lassen.

In der Kasserolle servieren. Brot dazu und Rotwein.

Spezofai

Garnelen aus dem Ofen

1 EL Essig
1 Tasse Wasser
1 kg Garnelen (ungeschält)
2 Tomaten
150 g Butter
1 Prise Zucker
Salz
Pfeffer aus der Mühle
250 g Feta (Schafskäse)

Essig und Wasser zum Kochen bringen. Die gewaschenen Garnelen hineingeben.

Ein- bis zweimal aufkochen. Herausnehmen, Sud aufbewahren.

Tomaten schälen und klein schneiden. In 50 g Butter andämpfen. Zucker, Salz, Pfeffer und etwas Sud dazugeben. Zu einer sämigen Sauce mit kräftigem Geschmack köcheln.

Garnelen schälen, in eine ausgebutterte Auflaufform legen. Tomatensauce darüber gießen. Mit zerbröseltem Feta bestreuen. Den Rest Butter darauf geben.

Bei mittlerer Hitze (180°C) im vorgeheizten Backofen 10 Minuten backen.

Garnelen aus dem Ofen

Herbstgeschichte

Eigentlich war er mit seiner Arbeit fertig, aber er wollte sie noch hinauszögern. Und es fand sich immer noch etwas zu tun: Dort musste am Gatter etwas gerichtet werden, da war noch Heu zu versorgen. Die Nacht sank langsam ins Tal und hüllte alles ein, die Häuser und die Scheunen, die Kirche und den Fluss. Längst wäre es Zeit gewesen heimzugehen, aber sie musste doch noch kommen, so wie sie ein ganzes Jahr lang gekommen war. Dann kam eine Gestalt den Berg herab und überquerte die Wiese. Zuerst dachte er, sie sei es und wollte ihr entgegenlaufen, dann sah er, dass die Gestalt größer war und breiter. Es war wohl eine Frau, aber nicht Annemarie. Die Bäuerin ging in ihren Stall, fütterte ihre Schafe, schloss dann sorgsam die Tür und wollte sich wieder auf den Rückweg machen.
Marco kam hinter seinem Geißenstall hervor, wünschte einen guten Abend und fragte direkt: »Warum versorgst du die Schafe?«
Die Bäuerin antwortete: »Wer soll es sonst machen?«
Er sagte fragend: »Annemarie?«
»Sie ist nicht mehr da«, sagte die Bäuerin. »Sie ist wieder heimgegangen und das war besser so.«
»Aber warum«, fragte Marco, »warum?«
Die Bäuerin sagte: »Das weißt du doch. Ich habe euch beiden einen ganzen Sommer lang zugeschaut. Marco, du hast Frau und Kind, was soll aus Annemarie werden?«
»Man kann sich scheiden lassen«, stotterte Marco.
«Dummes Zeug«, sagte die Bäuerin. »In der Stadt vielleicht, aber doch nicht hier.«
»Du hast sie heimgeschickt«, sagte Marco.
»Ja«, entgegnete die Bäuerin. »Ich war es Annemarie schuldig und ihren Eltern auch.« Dann drehte sie sich um und ging zurück über die Wiese, wo die Dunkelheit sie rasch verschluckte.
Marco war fassungslos vor Schmerz. Annemarie war nicht mehr da, würde auch nicht mehr kommen. Sein Leben hatte das Licht verloren. Er dachte an seinen grauen Alltag, den Alltag des Geißenbauern, er dachte an seine Frau, die ihr eigenes Leben lebte, die trostlosen Abende, die Sonntage.
Wie hatte er sich einen Sommer lang droben auf der Alp auf die Sonntage gefreut, wenn Annemarie zu ihm hinaufkam, wenn sie miteinander auf einem Stein saßen und über das Tal blickten und von tausend Dingen redeten, über hundert Sachen lachten und miteinander im Heu lagen, im duftenden Sommerheu.

Wie hatte alles begonnen? Es war im vorigen Herbst, einem der letzten Tage im Oktober. Der Wetterbericht hatte Schnee vorhergesagt.
Aber der Geißenbauer hatte es selbst gemerkt an so vielen Zeichen der Natur.
Auch seine Geißen drängten sich an den Weg, der hinunterführt ins Tal. Er hatte die Alphütte versorgt, die Utensilien zum Käsen gewaschen, die Tücher aufgehängt, sein Bett gemacht und die Stube ausgekehrt. Dann hatte er die Fenster verrammelt und die Tür. Was er mit ins Tal nehmen wollte, nahm er auf den Rücken und dann lockte er die Geißen und trieb sie den Weg hinunter, den langen steilen Weg ins Dorf.

Es war schon fast Nacht, als er das Dorf erreichte. Die Laternen an der schmalen Dorfstrasse brannten schon und warfen Lichtkleckse auf die Rücken der riesigen schwarzen Geißen mit ihren langen Hörnern, denen anzumerken war, dass sie sich im Sommer droben auf der Alp mit den Gemsen vermischten und mit den Steinböcken, die es wieder auf den Bergen gab.

»Cia, cia, cia«, sein Geißenruf klang an diesem Abend dumpf und wie in Watte hineingerufen, denn Wolken zogen das Tal herauf und langsam ging der Regen in Schnee über. An einer Straßenecke stand Annemarie, die junge Gehilfin der Schmittbäuerin. Sie hatte die Schafe versorgt. Jetzt stand sie fasziniert da und schaute dem merkwürdigen Bild zu, den schwarzen

Geißen, die Rücken an Rücken über die Dorfstraße fluteten, angetrieben von einem großen, breitschultrigen, etwa fünfzigjährigen Mann mit einem schwarzen Bart und einem Tragekorb auf dem Rücken. »Cia, Cia, Cia«, rief er immer wieder und die Hufe der Geißen schlugen auf der Dorfstrasse einen eigenartigen Trommelwirbel. Ihre Glocken bimmelten und eine Wolke von strengem Geruch war um sie. Der Geißenbauer stand im Licht einer Straßenlaterne, trieb die Geißen an, rief seinen merkwürdigen Ruf und er kam dem jungen Mädchen vor wie das Urbild eines Mannes.

Und an diesem Abend fing eigentlich alles an. Annemarie richtete von nun an ihren Gang zum Schafstall so ein, dass sie Marco begegnen musste, wenn er seine Geißen versorgte. Es war nicht sonderlich schwer. Die beiden Ställe lagen keine hundert Meter voneinander entfernt. Der große Geißenstall und der kleine mit den zehn Milchschafen der Schmittbäuerin. Marco hatte in seinem Stall mit seinen vielen Geißen so viel zu tun, dass Annemarie wohl eine halbe Stunde oder mehr Zeit hatte, um ihm zu begegnen.

Zunächst war es wohl nicht mehr als ein schüchterner Gruß von ihr und von ihm. Dann sprachen sie ein paar Sätze miteinander. So war es den Winter über. Für Annemarie war es immer wieder eine Begegnung, die ihr Herz klopfen machte. Dann kam das Frühjahr, wo die Milchschafe Lämmer warfen. Da mussten die Lämmer versorgt und die Schafe gemolken werden. Die Schmittbäuerin legte großen Wert auf die Milch der Schafe. Sie machte Joghurt daraus und Käse, und natürlich verwendete sie die Milch auch im Haushalt. Das ist kein Wunder, denn die Milch der Schafe ist anders als die Milch der Rinder.
Sie ist süßer und schmeckt fast wie Sahne.

Als die Bäume zu blühen begannen, waren Annemarie und Marco Freunde geworden. Sie standen oft noch lange nach der Arbeit und redeten miteinander und für Marco war es, als hätte er nie jemand gekannt, der seine Gedanken so gut verstand wie Annemarie.
Er war zwar ein Mann wie ein Bär, groß und stark, aber er hatte ein fast kindliches Gemüt. Er konnte sich in seine Geißen versetzen und deren Empfindungen nachvollziehen. Er freute sich an Blumen, an Bäumen und Tieren. Er konnte stundenlang einen Käfer beobachten und sich über dessen Verhalten Gedanken machen. Seine Umgebung, in der nicht viel Empfindsames vorkam, hatte ihn von früher Jugend an gelehrt, über derlei zu schweigen.
Im Gespräch mit Annemarie begegnete er nun einem Menschen, der so dachte wie er, der so empfand wie er. Anfangs fürchtete er, sie würde ihn auslachen, aber dann öffnete sich für ihn eine neue Welt, ihrer beider Welt.
Und Annemarie empfand Stolz, dass der große gestandene Mann mit ihr über Dinge sprach, die auch sie niemals mit einem anderen besprochen hatte.

Dann kam der Frühsommer und für Marco die Zeit, mit den Geißen auf die Alp zu gehen. Annemarie hatte die Bäuerin um die Erlaubnis gefragt, Marco zu helfen. Die Bäuerin, der an guter Nachbarschaft lag, stimmte zu. Annemarie, die in einem Bergdorf daheim war, stieg mit Marco und den Geißen über den steinigen, steilen Pfad zur Alp hinauf. Sie trug einen Rucksack mit Sachen, die Marco brauchte: Brot und Speck, Maisgrieß, Zucker, Salz, die Dose mit dem Tee, die Flasche mit Treberschnaps, den der Bruder von Marco gebrannt hatte.
Gegen Mittag waren sie oben. Die Geißen, froh der winterlichen Enge und Dunkelheit des Stalles entkommen zu sein, verteilten sich über die Matten. Die Jungen, die zum ersten Mal auf der Alp waren, sprangen und spielten miteinander. Marco und Annemarie gingen zu Marcos Alphütte. Sie öffnete die Tür und die Fenster. Marco machte Feuer im Herd und stellte eine Kanne mit Wasser auf. Annemarie machte sauber, die Hütte, die Regale mit dem Geschirr, die Kochtöpfe,

den großen Milchkessel fürs Käsen und die Geräte, die man dazu braucht. Sie lüftete Marcos Bett, bezog es mit der mitgebrachten Bettwäsche.
Dann saßen sie vor der Hütte, aßen Brot und Speck, tranken Tee und schauten auf die felsigen Berge, auf der anderen Seite des Tales. Es ging ein leiser lauer Wind. Die Sonne schien warm. Der Himmel war wolkenlos. »Es ist schön hier oben«, sagte Annemarie.
Und Marco sagte: »Ich habe den ganzen Winter gewünscht, dir das hier zu zeigen.«
Als es Zeit war für Annemarie zu gehen, brachte Marco sie an den Waldrand, wo der schmale Pfad ins Tal beginnt. Die beiden standen sich gegenüber. Sie hatten sich an der Hand gefasst, aber keiner sagte etwas. »Schade, dass du gehen musst«, sagte schließlich Marco.
Und Annemarie ließ Marcos Hand los, nahm ihn um den Hals, küsste ihn und dann lief sie fort. Marco stand wie verzaubert da. Er war so glücklich, wie ein Mensch nur sein kann.
Und dieses Glück hielt einen ganzen Sommer lang an. Annemarie kam immer herauf, wenn sie frei hatte, an den Sonntagen vor allem. Und jetzt war alles aus. Marco schloss mechanisch die Tür des Geißenstalls.
Dann machte er sich auf den Heimweg durch die graue Oktobernacht. Er wusste, ein solcher Sommer würde nie wieder kommen. Zum ersten Mal fühlte er sich alt. Es war Herbst.

Mutter Oliv's Bohneneintopf
(Rezept Seite 112)

Mutter Oliv's Bohneneintopf

750 g Stangenbohnen
500 g Kartoffeln (in mittlere Würfel geschnitten)
1 Zwiebel
Bohnenkraut
2 Birnen
500 g geräucherter Kochspeck
Butterfett
Salz

In einem hohen Topf Butterfett schmelzen lassen, die fein gehackte Zwiebel glasig werden lassen. Die geputzten (Spitzen abschneiden, evtl. Fäden entfernen) Bohnen waschen. Ins Fett geben. Gut durchrütteln, damit alle Bohnen von Butter umgeben sind. Bohnenkraut auflegen. Auf die Bohnen die Kartoffeln schichten. Auf die Kartoffeln die halbierten Birnen und den Speck legen.

Eine Tasse Wasser oder Fleischbrühe darüber gießen. Salzen. Gut zudecken. Auf kleinem Feuer ca. 1 Stunde köcheln lassen. Getrennt anrichten.

Hahn im Riesling ▶

Hahn in Riesling

2 junge kleine Hähnchen
80 – 100 g Butterschmalz
1 Hand voll frische Perlzwiebelchen
250 g kleine Champignons
1/2 l trockener Riesling
Salz, Pfeffer
1 Bund Petersilie
1/8 l Sahne
3 – 4 Eigelb
Zitronensaft
1 Schuss Cognac
fein gehackter Estragon

Die Hähnchen werden in Portionsstücke geteilt und in Butterfett goldgelb gebraten. Herausnehmen und im Ofen warm stellen.

Die Perlzwiebelchen und die Champignons in die Pfanne geben und 5 Minuten im Bratfett dünsten.

Die Geflügelstücke wieder dazugeben und mit dem Wein aufgießen. Salzen und pfeffern. Die Petersilie darauf legen. Zugedeckt bei kleiner Hitze 30 Minuten gar dünsten.

Fleischstücke, Zwiebelchen, Champignons auf einer großen Platte anrichten und warm stellen.

Die Sauce durchseihen und in einen Topf geben. Bei kleiner Hitze unter ständigem Rühren mit den Eigelb, die mit der Sahne verquirlt sind, binden. Die Sauce darf nicht mehr kochen, weil sonst das Eigelb stockt. Zum Schluss die Sauce mit ein paar Tropfen Zitronensaft, einem Schuss Cognac, dem ganz fein gehackten Estragon verfeinern und über das angerichtete Fleisch gießen.

Kanellonia

Für die Pfannkuchen

6 Eier
1/2 l Milch
Salz
1 Mokkatasse Olivenöl
Mehl so viel als nötig
Olivenöl zum Backen

Die Eier mit dem Schneebesen schlagen, Milch, Salz, Olivenöl dazugeben und nach und nach so viel Mehl, dass ein dickflüssiger Teig entsteht.

Kleine, dünne Pfannkuchen daraus backen.

Für die Füllung

1 große Zwiebel
3 Knoblauchzehen
500 g Rinderhackfleisch
Butter zum Dünsten und für die Form
schwarzer Pfeffer
Zimtpulver
Muskatnuss
Oregano
200 g Tomatenpüree (ersatzweise Tomatenmark)
etwas Hühnerbrühe
geriebener Kefalotiri- oder Parmesankäse

Zwiebeln und Knoblauch fein hacken, mit dem Hackfleisch vermischen und in Butter (am besten Butterschmalz) andünsten. Mit den Gewürzen abschmecken.

Das Tomatenpüree (oder Tomatenmark mit Hühnerbrühe verdünnt) dazugeben und alles etwas einkochen lassen.
Zum Schluss nach Geschmack den geriebenen Käse unterziehen.

Auf jeden Pfannkuchen so viel Füllung geben, dass er sich gut rollen lässt. Die Teigrollen in eine ausgefettete Auflaufform dicht an dicht legen und mit Butterflöckchen bestreuen.
Die Kanellonia bei mittlerer Hitze 30 Minuten im Backofen überbacken.

Kanellonia

Die Geschichte vom Murder Lake

Am Murder Lake, drei Flugstunden hinter Anchorage und den Talkeetna-Bergen, wohnt ein alter Mann. Er fängt Fische und einmal im Jahr schießt er einen Elch. Im Winter näht er Sachen aus Leder, die verkauft er im Frühjahr in Talkeetna und Anchorage.
Er ist ein Teil der Wildnis und der Einsamkeit. Er lebt mit den Tieren am See wie ein Bruder. Er lacht gern. Und seine Augen sind strahlend blau. In ihnen ist nichts als Weisheit und Güte. Er hat mir diese Geschichte erzählt, als ich ihn fragte, wie der Mördersee zu seinem Namen gekommen sei.

Sie hieß Dorothy und war die junge und schöne Frau eines Kaufmanns in Talkeetna. Der hieß Tom. Er kaufte Felle von Trappern und verkaufte ihnen Waffen und Munition, Kleider und Lebensmittel. Er war erfolgreich in seinem Geschäft.
Sie war in Talkeetna und der ganzen Umgebung als freundlich und allezeit heiter beliebt. Dorothy und Tom, waren sie nicht glücklich! Sie hatten zwar keine Kinder, aber sie waren ja noch jung! Nur war da etwas. Ein kleiner Unterschied des Charakters, ohne Bedeutung bei zwei, die sich lieben – vielleicht.
»Tom, hast du mich lieb?«
»Das weißt du doch!«
»Dann sag es, bitte!«
»Das muss man nicht dauernd sagen!«
»Nimm mich wenigstens in den Arm!«
»Später. Heut abend. Ich hab jetzt zu tun!«

Am Abend ging er oft in Annies Saloon. »Nur auf einen Schluck«, wie er sagte.

In Talkeetna gab es seit einiger Zeit eine Schule. Und einen jungen, unverheirateten Lehrer: Jerry. Der führte auch eine winzige Leihbibliothek. Wo gab es das sonst im Norden! Dorothy war eine gute Kundin, wie die meisten Frauen aus Talkeetna.
»Sie tragen ein wunderschönes Kleid, Dorothy!«
»Es ist vom vergangenen Jahr, Jerry!«
»Was immer Sie tragen, es ist schön!«
»Ach bitte keine Komplimente, Jerry, wie oft muss ich es Ihnen sagen! Ich brauche was zu lesen!«
»Das hab ich selbst eben gelesen. Übersetzt aus dem Französischen. Erzählungen von Maupassant.«
»Wovon handeln sie?«
»Von Liebe, Dorothy!«
»Unanständig?«
»Dem Pfarrer würd' ich sie nicht zeigen. Übrigens Missis McPherson hat sich schon für das Buch vormerken lassen!«
»Ach Elly! Wirklich!«

Stoff für Träume. Träume, in denen Tom, ihr Mann, nicht vorkam. Auch sonst niemand, den sie kannte.
Mit dem Herbst kam die Zeit der Bälle. Dorothy, die leidenschaftlich gern tanzte, besuchte jeden von ihnen. Mit Tom, ihrem Mann. Der tanzte selten und schlecht. Er zog es vor, mit den Freunden Karten zu spielen, während Dorothy tanzte.
»Amüsier dich, Kind!«

Und dann war ein Walzer.
»Dorothy, bei einem Walzer mit Ihnen kann man den Verstand verlieren.«
»Dann geben Sie halt Acht auf Ihren Verstand!«
»Ich will ihn ja verlieren, den Verstand. Und das Herz dazu ... Dorothy!«
»Ja, Jerry?«
»Sie hören mir ja gar nicht zu!«
»Doch, Jerry!«
»Ich mag Sie, Dorothy, bitte nicht böse sein!«
»Ich bin Ihnen nicht böse. Was Sie sagen, das hör ich und hör es auch nicht.«

Als der Tanz zu Ende war, erwiderte sie den Druck seiner Hand.

»Du hast den ganzen Abend mit diesem lausigen Lehrer getanzt!«
»Ja, ist es dir aufgefallen?«
»Dorothy, ich bin nicht eifersüchtig, aber denk an die Leute! Man kommt schnell ins Gerede!«
»Das Gerede ist mit egal!«
»Natürlich ist es dir egal. Aber mir nicht!«

Sie hatte sich in Jerry verliebt und Jerry in sie. Es braucht viel Einfallsreichtum, wenn man sich in einem kleinen Ort wie Talkeetna sehen will, ohne dass es auffällt. Jerry in seiner Wohnung zu besuchen war undenkbar, so undenkbar wie ein Besuch von Jerry bei Dorothy.
Er wohnte bei einer Witwe, die mehr über ihn und seinen Umgang wachte, als über einen Sohn.
Es blieben die Bälle. Und der Kirchenchor. Ein Berühren der Hände, ein paar Worte, verstohlen. Und dann die Leihbibliothek, zu Zeiten, wo selten jemand kam. Ein Kuss, ein Streicheln, eine Umarmung. Immer gewärtig, dass jemand kam. Immer darauf bedacht, dass Dorothy nicht zu lange blieb.

Als der Frühling kam, begann Dorothy öfter als bisher, eine Freundin zu besuchen, die ein wenig außerhalb der kleinen Stadt wohnte.
So konnte sie sich mit Jerry für eine halbe Stunde oder mehr treffen. Sie gingen auf einem Wildtrail durchs niedrige Gebüsch, das man im Norden Willows nennt.
Sie liebten sich auf den dicken, weichen Moospolstern. Und Jerry zog eine kleine Flöte aus der Innentasche seiner Jacke und spielte Lieder, die so sanft waren, wie seine Art zu lieben.
»Für dich mein Lieb, ich schenk dir dieses Lied!«
»Oh Jerry, niemand hat mir früher Lieder geschenkt!«
»Niemand hat dich früher geliebt!«
»Halt mich fest, Jerry!«
»Ich halt dich ganz fest, Dorothy!«
»Ich möchte deine Frau sein!«
»Du bist es!«
»Nein, nicht so, für immer!«

In dieser Zeit ging es natürlich immer schlechter zwischen Dorothy und Tom.
Er ging abends immer öfter in Annies Saloon. Und immer öfter kam er betrunken nach Hause, machte Dorothy Vorwürfe in endlosen Tiraden, nannte sie Schlampe, die nicht wisse, was ihre Pflichten als Ehefrau seien. Ihm gegenüber, dem Mann! Und schlug sie wohl auch. Dorothy weinte oft.

Eines Tages sagte Jerry, er wolle in die Wildnis gehen. Als Trapper. Für ein oder zwei Jahre. Mit dem Erlös für die Felle könnten sie beide nach Kalifornien gehen oder Mexiko, eine Existenz aufbauen und, wo sie niemand kenne, als Mann und Frau leben. »Vor Gott sind wir es ohnehin!«

Oscar Vogel, ein älterer Trapper deutscher Herkunft, habe ihm die Partnerschaft angeboten.
Vogel lebte in einer Blockhütte, dort, wo der Prairie Creek aus dem Stephanlake floss. Eine Wegstunde flussabwärts, an einem namenlosen See, gab es eine zweite Hütte, die Vogel gehörte. In der sollte Jerry leben. Bald darauf machte Jerry seinen Entschluss wahr. Er kaufte bei Tom die notwendige Ausrüstung und zog mit Oscar Vogel in den Busch. Dorothy blieb zurück in Talkeetna mit ihren Träumen, mit ihrer Sehnsucht, mit ihrer Liebe.

Es mag zwei Monate später gewesen sein, da traf Dorothy Oscar Vogel vor der Bank.
»Wie geht es Jerry?«
»Ach gut! Er stellt sich recht ordentlich an für ein Greenhorn. Ich bin recht glücklich über ihn. Soll ich ihm etwas ausrichten?«

»Nein, nein, danke!«
Sie wandte sich um, wie um zu gehen und dann plötzlich: »Mister Vogel, könnten Sie mich mitnehmen zu ihm?«
»Wissen Sie, wie weit es ist zum Stephanlake?«
»Fünf Tagesmärsche, ich weiß!«
»Und keine Straße, kein Weg, nichts als die Wechsel von Elch und Bär. Sümpfe und Flüsse, die man durchwaten muss und das Dickicht der Willows!«
»Ich weiß.«
»Nichts für eine feine Dame!«
»Ich schaffe es! Wenn ich Ihnen 50 Dollar Führerlohn zahle, ist das genug?«
»Es ist genug!« Und: »Es geht mich zwar nichts an Ma'am, aber Sie sind verheiratet und was wird Ihr Mann sagen?«
»Das ist meine Sache, Mister Vogel!«
»Gewiss, Ma'am!«

Tom war für einige Tage in Anchorage, um Waren einzukaufen. Dorothy hinterließ ihm einen Brief:

»Lieber Tom,
wenn du diesen Brief findest, bin ich in der Wildnis. Bitte suche mich nicht, du wirst mich nicht finden.
Wir haben in den letzten Monaten so oft Streit miteinander gehabt. Du hast mich so oft beleidigt und mir weh getan.
Vielleicht habe ich dir auch Grund gegeben, vielleicht habe ich dich wirklich vernachlässigt, so wie du immer behauptest. Aber es war so viel Trennendes zwischen dir und mir. So viel Fremdes und es nahm zu. Ich weiß nicht, wie es weitergehen soll. Vielleicht schenkt mir die Wildnis Klarheit.
Dorothy«

Von Jerry schrieb sie nichts.

Dorothy hielt sich besser, als Oscar Vogel befürchtet hatte. Sie erlebte zum ersten Mal die Wildnis und ihre Geheimnisse, die Stille und die Einsamkeit. Die Klarheit des Lichtes und die Schärfe der Konturen, die alle Dinge in der Wildnis des Nordens haben.
Oscar Vogel lehrte sie, auf die Stimmen der Vögel zu hören, die Spuren der Tiere zu lesen, aus den Zeichen von Wolken und Wind, von Pflanzen und Tieren und der Farbe des Wassers in den kleinen Seen auf das Wetter zu schließen.
Er lehrte sie, dem Bären aus dem Weg zu gehen, Feuer im nassen Wald zu machen und Fische am Feuer zu braten. Am sechsten Tag waren sie bei Jerry in der Hütte am namenlosen See. Jerry konnte sein Glück nicht fassen. Jubelnd nahm er Dorothy in den Arm.

Als Oscar Vogel ging, sagte er: »Von mir wird Tom nichts erfahren. Aber es wird kein Geheimnis bleiben. Die Wildnis bewahrt keine Geheimnisse und sie schützt keinen. Besser, ihr geht in den Süden ...«
»Wir werden darüber nachdenken.«
»Aber denkt schnell! Sonst wird es ein böses Ende nehmen!«
»Es wird alles gut.«
»Nichts wird gut, wenn ihr dableibt.«

Oscar Vogel zog weiter den Prairie Creek hinauf zu seiner Hütte. Ein paar Tage später brach er auf, seine Trappline abzugehen, viele hundert Meilen, er würde mehrere Wochen unterwegs sein.

Dorothy und Jerry waren allein mit sich und ihrer Liebe. Zum ersten Mal. Sie hatten eine wunderschöne Zeit. Sie fischten zusammen. Sie gingen zusammen auf die Jagd. Sie schauten den Elchen zu, den Karibus, den Bibern, dem Fischotter, sie sahen den Flug des Adlers, den Zug der Lachse, die Bären, die fischend im Fluss standen.
Sie liebten sich im warmen, weichen Moos und sie saßen auf dem Hügel über dem See, wo die schwarzen Tannen wie Zypressen standen.

Jerry spielte auf seiner Flöte und Dorothy gab dem See einen Namen: »Er soll See der tausend Träume heißen... Oh Jerry, er hat mir tausend Träume und mehr erfüllt.«
»Und hunderttausend von mir.«
»Jerry, was wird sein?«
»Unsere Liebe!«
»Morgen und übermorgen?«
»Unsere Liebe!«
»Und nächstes Jahr, in zehn Jahren?«
»Unsere Liebe und sie wird in hundert Jahren sein und immer, denn es wird nie wieder eine Liebe sein wie unsere, weil nie wieder eine Dorothy sein wird und ein Jerry.«
»Oh Jerry!«

Und sie schlugen Oscar Vogels Warnung in den Wind. Hier, das war ihre Welt: der See, das weite Land mit den dunklen Tannen, die Berge, die oft selbst jetzt im Sommer weiß überpudert waren morgens, der weite Himmel ...
Warum die Hütte verlassen, die ihre Heimat war, und ins Ungewisse gehen? Und sie vergaßen alles, was nicht zu ihrer Welt gehörte. Aber die Welt draußen vergaß sie nicht.

Als Tom aus Anchorage nach Hause gekommen war und Dorothys Brief fand, begann er zu fragen.
Und nun hatten alle etwas gesehen, hatten es alle schon immer gewusst.
Nur Tom war ahnungslos gewesen, so schien es ihm. Und da es kein Geheimnis war, dass Jerry in der Hütte am namenlosen See lebte, war es auch kein Geheimnis, wo Dorothy war. Gleichwohl, Tom wartete, er wartete zwei Monate. Dann zog er mit zwei Männern, die er in Annies Saloon kennen gelernt hatte, in die Wildnis. Inzwischen war Herbst. Die Büsche und Sträucher waren blutrot. Als sie den See erreichten, den Dorothy den See der tausend Träume nannte, stand Jerry am Ufer und fischte. Tom schoss ein einziges Mal. Jerry fiel nach vorn ins Wasser. Als sie den Schuss hörte, kam Dorothy aus der Hütte gelaufen. Sie warf sich auf die Knie und zog Jerrys Körper in ihre Arme. Sein Kopf lag an seiner Schulter, seine Arme hingen seltsam verdreht herab. Er war tot. Dorothy schrie, wie Tiere schreien. Dann schaute sie Tom an, den sie erst jetzt bemerkte.
»Mörder!«, schrie sie.
»Elender, dreckiger Mörder, tot machen, das ist alles, was du kannst ... tot machen, tot machen ...«

Und sie riss den Colt aus Jerrys Halfter, sie schoss auf Tom, sie verfehlte ihn und noch mal und noch mal ... Ihre Hände flatterten zu sehr. Sie ließ den Körper Jerrys sinken, stand auf und lief davon in die Willows, die undurchdringlichen Willows. Tom wollte ihr folgen. »Dorothy«, rief er, »Dorothy bitte hör mich an, bitte lass uns miteinander reden.«
Ein Schuss war die Antwort. Wieder hatte Dorothy nicht getroffen. Er blieb stehen. Er wandte sich zu seinen Kumpanen: »Sie wird wieder kommen. Wir brauchen nur zu warten. Die Angst treibt sie zu uns, wenn es Nacht wird!« Sie blieben mehrere Tage, sie gruben Jerry ein Grab. Sie fragten bei Oscar Vogel nach ihr. Sie suchten sie rund um den Stephanlake und in der Ebene bis zu den Bergen.
»Dorothy«, rief Tom.
Immer flehender: »Dorothy!«
Seine Begleiter drängten zum Rückmarsch. Der Winter konnte jetzt jederzeit beginnen mit Schnee und Kälte.
»Komm Tom!«
»Wir wollen noch ein paar Tage warten!«
»Schau die Wolken, sie bringen Schnee!«
»Vielleicht kommt sie doch noch mal zurück!«
»Sie kommt nicht mehr!«
»Dann lasst mich hier, geht ohne mich!«

Am folgenden Tag gingen sie. Wo der Prairie Creek in den Grizzly Creek mündet, hörten sie ihn noch einmal rufen: »Dorothy!« Im Fluss stand ein riesiger Bär. Sie gingen rasch weiter.

Tom hat noch Jahre am See gelebt. Allein, von allen gemieden. Manchmal tauschte er mit Oscar Vogel Felle gegen Munition oder dies und das – vor allem Whisky.
Und manchmal traf ihn Oscar unversehens in den Willows. Eines Tages fand Oscar Vogel seine Leiche. Sie lag in der Nähe der Quelle am Seeufer, dort, wo Dorothy versucht hatte, Gemüse zu pflanzen. Woran er gestorben war, weiß niemand. Die Wildnis hat sein Grab überwuchert, wie das Grab Jerrys und das von Dorothy, wer weiß wo. Lange Zeit mieden die Trapper den See, den sie nun Murder Lake nannten. –

Am Murder Lake wohnt seit einigen Jahren ein alter Mann, der hat mir diese Geschichte erzählt. Vielleicht hat er sie vom Wind gehört oder von den rastlos ziehenden Wolken oder vom Regen, der in diesem Jahr endlos weint.
Ich habe sie Oscar Vogel gewidmet, in dessen Blockhütte ich sie aufgeschrieben habe, und B.B.

»Röslis Troum«
(Rezept Seite 122)

»Röslis Troum«

(Vom Berner Oberland stammt dieses Rezept, das ich »Röslis Troum« getauft habe)

500 g gekochtes Rindfleisch
500 g säuerliche Äpfel
etwas Sahne
etwas Süßmost
Salz
Pfeffer

Das Fleisch in möglichst dünne Scheiben schneiden. In einer Bratpfanne den Boden damit bedecken. Zuunterst die Scheiben mit dem meisten Fett.Die Äpfel ebenso fein schneiden und über den Fleischscheiben verteilen. Mit Salz und Pfeffer würzen. Etwas Sahne darüber gießen sowie den Süßmost. Auf kleinem Feuer gar schmoren.

Mit Brot essen! Ein Glas Apfelmost dazu servieren.

Berglerfleisch

1 kg saftiges Rindfleisch (vom Hals oder Nierstück)
100 g Schwarzwälder Vesperspeck (nicht zu mager)
1 Zwiebel
1/2 Glas Weinessig
Salz
Pfeffer
1 nussgroße Mehlbutter (Butter und Mehl verkneten)

Den Speck in feine Würfel schneiden und in einer Kasserolle schmelzen lassen. Das Fleisch in fingerdicke und -lange Streifen schneiden und im Fett der Speckwürfel rösten.

Die gehackte Zwiebel beifügen und glasig werden lassen. Dann mit etwa einem halben Liter (4 Schöpflöffel) warmem Wasser ablöschen, den Essig beifügen und 2 Stunden kochen. Würzen. Dann die Mehlbutter in Sauce geben und noch etwa 15 Minuten köcheln lassen bis sie sämig ist.

Schmeckt mit Teigwaren, vor allem »Hörnli« oder »Makkaroni«.

Berglerfleisch

Zueguet-Schnitzel

(Zueguet ist der Name eines kleinen Bergbauernhofes im Emmental)

Unvergesslich ist für mich das folgende Rezept, das ich dem großen Emmentaler Koch Fritz Gfeller verdanke.

8 nicht zu dünne Kalbsschnitzel zu ca. 80 g
3 EL Butterfett
Mehl
Salz
Pfeffer

Schnitzel salzen, pfeffern, im Mehl wenden und im heißen Butterfett durchbraten.

Zueguet-Käsemasse

300 g geriebener Greyerzer Käse
2 Eier
1/2 Päckchen Backpulver
1 EL Sahne
1 EL Weißwein
Salz
Pfeffer

Alles zu einer Masse verkneten. Schnitzel mit Käsemasse bestreichen und im Ofen überbacken.

Rahmsauce

200 g fein blättrig geschnittene Champignons
400 ml Sahne
100 ml Bratensauce
2 EL gehackte Zwiebeln
1 TL gehackter Knoblauch
2 EL Weißwein
1 EL Cognac
Salz
Pfeffer
1 EL Butter

Champignons, Zwiebeln, Knoblauch in Butter andämpfen. Salzen und pfeffern. Zugedeckt köcheln, bis die Champignons etwas Wasser gezogen haben. Weißwein, Cognac, Sahne und Bratensauce dazugeben. Zur gewünschten Dicke binden. Abschmecken und über die Schnitzel mit Käsemasse geben.

Mit Butternudeln servieren.

Zueguet-Schnitzel

Pörkölt

750 g mageres Schweinefleisch
5 Zwiebeln
4 Tomaten
2 grüne Paprikaschoten
1 EL Rosenpaprika
Butterschmalz
heißes Wasser
Salz

Die fein geschnittenen Zwiebeln in Schweine- oder Butterschmalz unter ständigem Rühren anbraten. Das in Würfel geschnittene Fleisch dazugeben und so lange rösten, bis alle Flüssigkeit verdampft und das Fleisch schön braun ist.

Mit wenig heißem Wasser ablöschen. Eine Mischung aus Rosenpaprika und Salz (klumpt nicht!) darüber streuen. 60 bis 90 Minuten weich dünsten. 30 Minuten vor Ende der Schmorzeit die geschälten und geviertelten Tomaten sowie die entkernten und in breite Streifen geschnittenen Paprika dazumischen.

Teigwaren, Kartoffeln und Reis schmeckt dazu oder einfach Brot und roter Wein.

Pörkölt

Tana

Vor einigen Jahren produzierte ich mit einer Wirtschaftsakademie eine Reihe von Sendungen, die der Förderung des mittelständischen Unternehmertums dienten. Aus dieser Zusammenarbeit wurde fast so etwas wie eine Freundschaft.
Einmal im Jahr brach die ganze Akademie mit allen Mitarbeitern, Professoren, Sekretärinnen und Autoren zu einem Betriebsausflug auf. In jenem Jahr, von dem hier die Rede ist, führte dieser an den Aegerisee im Schweizer Kanton Zug.
Wir umrundeten zu Fuß den See in einer langen Kolonne, gedachten der Schlacht von Morgarten, an deren Schlachtfeld wir vorbeikamen, und waren zur guten Stunde wieder in unserem wunderschönen Tagungshotel am Ufer des Sees.

Nun kann aus vielerlei Gründen eine öffentliche Institution, wie es so eine Akademie ist, nicht so mir nichts, dir nichts einen Betriebsausflug machen, wie unsereins übers Wochenende verreist. Ein bisschen öffentliches Geld ist, oder sagen wir besser war – noch lebten wir ja in der guten Zeit der katholisch-süddeutsch orientierten Bundesrepublik – immer mit im Spiel. Daraus ergab sich die Notwendigkeit, dem Betriebsausflug wenigstens einen kleinen Touch von Weiterbildung zu geben. Natürlich ist schon allein die Reise in das schöne Nachbarland Schweiz immer eine Bildungsmaßnahme, nur halt nicht so ganz ausreichend im Sinn der Verwaltungsbürokraten. Also musste man wenigstens einen Vortrag oder zwei vorsehen, und einer dieser beiden Vorträge wurde an diesem Samstagabend gehalten. Wir versammelten uns im großen Saal und dann kam das, was auf dem Programm als »Dr. E., Zürich: Private Initiativen der Entwicklungshilfe« angekündigt war.
Nun müsste ich lügen, wenn ich behaupten würde, dass das Thema »Entwicklungshilfe« mich noch in irgendeiner Weise interessiert. Ich habe den Versuch gemacht, mit hochkarätigen Fachleuten zwei ernsthafte Fernsehkurse zu diesem Thema zu produzieren. Meine Erfahrung war schlicht Enttäuschung. Also ging ich recht halbherzig zur Veranstaltung des Dr. E. – völlig zu Unrecht, wie es sich zeigen sollte.

Dr. E. stellte sich als Rechtsanwalt aus Zürich vor. Dann kam er ohne weitere Umschweife auf sein Hobby zu sprechen, die Fliegerei. Er sprach vor allem davon, dass man sich als Amateurflieger im Mitteleuropa des zu Ende gehenden 20. Jahrhunderts vor lauter Regulierungen und staatlichen Einschränkungen ununterbrochen gegängelt fühle. Dies gelte vor allem für den Luftraum der ohnehin kleinen Schweiz, der auch noch zu einem großen Teil der Luftwaffe vorbehalten sei.
Er habe nun allerdings für sich einen Weg gefunden, unter einem freien offenen Himmel zu fliegen. Und zwar fliege er ein- oder zweimal im Jahr mit einer Linienmaschine nach Australien. Dort chartere er eine Cessna und mit der fliege er wenigstens einen Monat zu den Inseln Polynesiens und zwischen ihnen.
Das sei noch Fliegerei nach seinem Sinn.

Auf einem dieser Flüge landete er auf einer Insel namens Tana. Ein bisschen abseits und nicht gerade im Brennpunkt des Tourismus.
Am Abend in der Hotelbar lernte er einen Mann kennen, der sich als König der Insel vorstellte, einen ehemaligen Fremdenlegionär. Schließlich ist es von Tana zum französischen Neukaledonien nur ein Katzensprung. Natürlich war Dr. E. neugierig: »Wie wird man König einer Insel?«, fragte er den König nach dem vierten oder fünften Whisky.
»Nichts einfacher als das«, sagte der König. »Meine Zeit bei der Legion war um. Ich hatte die Entlassungspapiere und einen Haufen Geld. In Noumea, in einer Bar wie der hier, lernte ich einen alten Perlenhändler kennen, dem erwies ich einen Gefallen, lassen wir die Details. Als er mir meinen Anteil ausbezahlte, fragte er

mich, ob ich denn unbedingt nach Europa zurück wolle. Er hätte da etwas Besseres für mich, ich könnte König werden und wir könnten dann noch bessere Geschäfte miteinander machen. Da gäbe es nämlich auf der Insel Tana eine alte Prophezeiung: Wenn der Vulkan ausbreche und gleichzeitig die Erde bebe und dann ein Fremder in einem blauen Rock mit goldenen Knöpfen an Land steige, dann sei das der vom Cargogott bestimmte neue König. Ich musste also nichts anderes tun, als bei einem Trödler in Noumea einen blauen Blazer mit goldenen Knöpfen kaufen, zur Nachbarinsel von Tana reisen, ein Motorboot mieten und auf das Erdbeben mit Vulkanausbruch auf Tana warten.
Das kam wie üblich innerhalb der nächsten 14 Tage. Ich zog meinen Blazer an, sprang ins Boot, fuhr rüber nach Tana, ging an Land und wurde von den Tanaleuten als der erwartete König begrüßt. Aber bis jetzt hat mir das Ganze nichts als Ärger gebracht.«

Und nach drei weiteren Whisky wusste Dr. E. auch, wo den König der Schuh drückte. Auch in der Südsee gibt es nämlich heutzutage keine herrenlosen Inseln mehr, wo die Bewohner – Prophezeiung hin oder her – erklären können, sie hätten jetzt einen König und seien ein selbstständiges Königreich. Jedenfalls nicht, ohne einen gewissen Widerspruch hervorzurufen.
Tana gehört zu dem Inselverband Vanuatu, der seinerseits ein Mitglied des britischen Commonwealth ist. Kurz, die Sache mit dem neuen König gefiel den Herren in der Hauptstadt Port Vila auf der keinesfalls weit entfernten Insel Efate nicht sonderlich. Andererseits war es der erklärte demokratische Wille der Menschen von Tana, Antoine den Ersten als König zu haben. So war zunächst einmal nichts dagegen zu machen.

Da die Abende in der Südsee lang sind und der Whisky gut schmeckt, kamen sich der König und der Rechtsanwalt aus Zürich politisch und menschlich näher und näher. Jedenfalls erschien ihnen kurz nach Mitternacht die Anerkennung durch die UNO als der Trick siebzehn, durch den man Antoine I. die Herrschaft auf Tana sichern könne.»Du willst ja nicht aus dem Staat Vanuatu ausbrechen, du willst ja nur die Herrschaftsform hier auf der Insel verändern im Rahmen von Vanuatu. Ist Tana von der UNO anerkannt, so kannst du dich ja gegen entsprechende Gegenleistungen Vanuatu wieder anschließen.«
Und so begann das, was Dr. E. als private Initiative der Entwicklungspolitik bezeichnet. Er telefonierte um zwei Uhr morgens mit einem Studienkollegen, der bei der Rechtsabteilung der UNO tätig war, und ließ sich die notwendigen Formalitäten für die Aufnahme in die UNO nennen. In New York war es gerade 10 Uhr des folgenden Tages. Der erforderliche Fragebogen kam drei Tage später mit Kurierpost aus New York.

Die notwendige Verfassung des Königreiches Tana schrieb Dr. E. in einer Nacht. Desgleichen entwarf er die notwendige Staatsflagge und weil er schon an der Arbeit war, komponierte er auch gleich eine Nationalhymne. Kurz und gut, nach einiger Zeit wurde das Königreich Tana von der UNO als hundert-ich-weiß-nicht-wievielter Staat aufgenommen. Und der König von Tana machte Dr. E. aus Zürich aus Dankbarkeit zu seinem Vizekönig und Kultusminister. So weit der Vortrag über »Private Initiativen der Entwicklungshilfe« am Aegerisee.

Zu diesem Zeitpunkt war ich – und ich bin sicher, auch der Rest der Zuhörer – überzeugt, von Dr. E. sozusagen ein modernes Märchen gehört zu haben. Mehr oder weniger möglich. Aber dann zeigte uns Dr. E. einige Filme, in denen er z.B. würdig mit dem König von Tana die Gendarmen der Insel inspizierte, in einem Klassenzimmer Kinder zu ihrem Wissensstand befragte, er war ja auch Kultusminister, und schließlich mit allen Ehren nach seinem Besuch auf dem Flugplatz von Tana von den Großen des Reiches, im Bastrock und Penisfutteral, verabschiedet wurde.

War das eine Geschichte! Wenn sie wahr war, einfach sensationell. Also ging ich zu Dr. E. und fragte ihn, ob irgendjemand im Fernsehen oder Radio, eine Illustrierte oder Zeitung über diese Geschichte berichtet hätte. Er sagte bescheiden: »Nein.« Und ich wusste sofort, dies ist die Story für Eugen. Und so kündigte ich ihm den Besuch dieses Freundes und Kollegen an.

Vom Aegerisee zurückgekehrt, bestellte ich Eugen ein und erzählte ihm die ganze Geschichte. Ich gab ihm die Adresse des Dr. E. und sagte: »Mach was draus.«

Nun ist mein Freund Eugen nicht nur Kameramann, sondern auch sein eigener Produzent. Als Kameramann ist er immer dann gesucht, wenn es um gefährliche und bisher nie realisierte Projekte geht. Eugen hat in Beirut, im Drunter und Drüber die Bürgerkrieg ähnlichen Kämpfe gefilmt. Eugen war mit einem Ethnologen im Dschungel des Amazonas bei einem Stamm, der ein halbes Jahr vorher einen Bischof und zwei Missionsschwestern massakriert hatte. Eugen drang in Neuguinea als erster weißer Mann zu einem der Eingeborenenstämme des Gebirges vor. Und außerdem ist auf Eugen absolut Verlass. Wenn ich zu Eugen sagen würde: »Ich brauche morgen um halb zwölf einen blau gestrichenen Elefanten vor dem Freiburger Münster«, Eugen und der Elefant wären da und der Elefant blau gestrichen. Dass im Hintergrund irgendein Zoodirektor verzweifelt schreiend nach seinem Elefant suchen würde, wäre eine quantité négligeable, zu deutsch »auf Einzelschicksale wird keine Rücksicht genommen!«.

Eugen hörte sich die Geschichte an, die ich mit dem Satz beschloss: »Eugen, ich schenke dir diese Geschichte unter der Bedingung, dass du mir einen Pass des Königreiches Tana beschaffst.«
Eugen versprach es und nahm umgehend Kontakt zu Dr. E. auf. Als Nächstes kam Dr. E. mit Frau und Kind in seinem Privatflieger nach Baden-Baden. Und siehe da, die beiden verstanden sich auf Anhieb. Aus diesem Verstehen wurde der Plan für zwei Filme, die die beiden auch miteinander verwirklicht haben.

Aber vorläufig war es noch nicht so weit. Eugen flog mit Dr. E. nach Tana und kehrte als Konsul des Königreichs zurück. Seitdem ziert sein Haus zum einen die Fahne von Tana, zum anderen ein von Eugen regelmäßig mit Sidol auf Hochglanz gebrachtes Messingschild, das in französischer Sprache bedeutet, dass hier der königliche Konsul von Tana residiere. Sprechstunden sind keine angegeben.
Nun stehen Fahne und Messingschild in merkwürdigem Kontrast zu Eugens Haus. Es ist ein verträumtes Fachwerkhaus im Schwarzwaldstil. An der Fassade gibt es eine Heiligenfigur und ein gelbes Schild weist darauf hin, dass hier ein bissiger Hund daheim sei. In der Weihnachtszeit hängt Eugen einen elektronischen Weihnachtsmann an die Haustür, der jeden Besucher und jeden Vorbeigehenden mit tiefer Stimme begrüßt: »Ho ho, fröhliche Weihnachten!«

Was ich nicht bekommen habe, war ein Pass des Königreiches. Aber ich weiß inzwischen, dass er gar nicht so nützlich wäre. An der Schweizer Grenze z.B. wäre plötzlich ein Visum zum Grenzübertritt notwendig, weil doch Tana ein so weit entfernter Staat ist. Zum Trost hat mir der Konsul von Tana, eben mein Freund Eugen, einen Presseausweis ausgestellt, der mich als königlichen Journalisten des fernen Südseestaates ausweist. Und in Locarno bei den Filmfestspielen habe ich es schon ausprobiert. Die waren richtig stolz auf so einen exotischen Besucher wie mich. Ganz was anderes, als wenn ich nur meinen baden-württembergischen Presseausweis vorgelegt hätte, zumal der inzwischen verfallen ist. (Der von Tana ist unbegrenzt gültig!!!)

Übrigens, wenn der König von Tana nach Baden-Baden kommt, um seinen Konsul zu besuchen und nebenbei auch die Spielbank, dann schläft er in Eugens Gästezimmer. So groß ist die Wertschätzung!

Weiße Bohnensuppe
Fasolia soupa

4 Tassen getrocknete weiße Bohnen
5 Zwiebeln
4 Karotten
1 Sellerieknolle
Selleriegrün
3 Knoblauchzehen
5 pürierte Tomaten
1 1/2 Mokkatassen Olivenöl
Salz
frisch gemahlener Pfeffer

Die getrockneten Bohnen mit Wasser bedecken und **ohne Salz** kurz kochen lassen.

Abtropfen lassen und erneut in einem Topf gerade mit Wasser bedecken und aufkochen lassen. Im heißen Wasser 1 Stunde stehen lassen.

Gemüse putzen und klein schneiden.

Bohnen abgießen. Wasser auffangen. Bohnen mit Gemüse und Tomatenpüree vermengen, in einen Topf geben, Öl dazu, alles mit Wasser bedecken und so lange kochen, bis das Gemüse zerfallen ist. Mit Salz und Pfeffer abschmecken.

Chili con carne

Chili con carne

750	*g mageres Rindfleisch*
3	*Dosen Kidney-Bohnen (à 250 g Abtropfgwicht)*
3	*Zwiebeln*
1	*Knoblauchzehe*
2 – 3	*scharfe, rote Paprikaschoten (Peperoncini)*
4	*Tomaten*
1	*gehäufter EL Rosenpaprika*
3 – 4 EL	*Olivenöl*
	Salz
	Pfeffer
	heißes Wasser

Olivenöl in einen geeigneten Topf geben und Zwiebel und Knoblauch anziehen lassen. Das in Würfel geschnittene Fleisch dazugeben und unter ständigem Rühren braun braten.

Die entkernten und in Streifen geschnittenen Peperoncini darüber verteilen. Mit Salz, Pfeffer und Paprikapulver würzen. Mit so viel heißem Wasser übergießen, dass das Fleisch nicht anbrennt. Zugedeckt ca. 90 Minuten schmoren lassen. Dann die geschälten und geviertelten Tomaten sowie die Bohnen dazugeben.
Nach weiteren 30 Minuten ist das Chili fertig.

Mit einem kräftigen Weißbrot und einem roten Landwein (z.B. Tessiner Nostrano) servieren.

Zucchinipita ohne Teig

1 1/2 kg	*Zucchini*
2	*Tassen Milch*
125 g	*Butter*
3	*Eier*
125 g	*Frischkäse (Philadelphia oder Gervais)*
1 TL	*Salz*
	Pfeffer
	Muskatnuss
	Mehl nach Bedarf

Zucchini schälen und fein raspeln. Milch, Butter, Eier, Käse und Gewürze dazugeben (etwas Butter und etwas Käse zurückbehalten) und gut mischen. So viel Mehl darunter mischen, dass eine feste Masse entsteht.

Diese in eine ausgebutterte Auflaufform geben. Darauf den Rest Butter und Käse streuen. In dem auf 200°C vorgeheizten Backofen 1 1/2 Stunden backen.

Zucchinipita ohne Teig

Weihnachten

Es war Nacht. Sie saßen in Fabianos Hütte. Der alte Romano, Fabiano und Marco, der Hirtenbub. Im Kamin brannte das Feuer. Sie hatten Kastanien darauf geröstet. Jetzt aßen sie und tranken roten Wein aus der Poebene. »Marco, schau zu den Schafen. Irgend etwas ist mit ihnen. Sie waren den ganzen Abend schon unruhig. Schau, ob sie sich beruhigt haben«, sagte Romano. Marco ging durch die niedrige Tür hinaus.

Der Mond war noch nicht aufgegangen, aber es war nicht dunkel. Ein merkwürdiges Leuchten war in der Luft. Marco machte sich keine Gedanken und ging zum Pferch. Die Schafe waren alle aufgestanden und blickten nach Süden, talabwärts. Die beiden Hunde, die Marco sonst mit Gebell begrüßten, standen wie die Schafe gebannt talab.

»Was ist?«, sagte Marco zu den Hunden, »ist dort was?«
Der eine Hund bellte wie zur Bestätigung. Da merkte Marco, dass die Luft ganz warm wehte wie im Frühling und es nach Bergwiesen roch, die blühen. Das Leuchten nahm zu. Es war jetzt, wie wenn der Tag anbricht. Marco hörte eine seltsam schöne Musik. Er lief zurück zur Hütte. »Romano, Fabiano, kommt schnell. Irgendetwas Unbegreifliches geschieht.«
Die beiden alten Hirten ließen sich Zeit.

Inzwischen war am Himmel eine hell leuchtende Stelle entstanden, die immer größer wurde. Und dann stand auf der Wiese gegen den Fluss zu plötzlich eine leuchtende Gestalt. Viel größer als ein Mensch, mit einem langen rot leuchtenden Gewand. Ihr Gesicht war wie Gold und die ganze Gestalt war wie eine Flamme.
»Habt keine Angst«, sagte der Engel, denn dass dies ein Engel war, das hatten die drei gleich begriffen. »Ich hab euch etwas Erfreuliches zu vermelden, euch und allen Menschen. Heute ist der Heiland geboren, der König und Herr. Ihr werdet ihn in Bethlehem finden und zwar als neugeborenes Kind, das in Windeln gewickelt ist und in einer Krippe liegt.«

Und während der Engel verschwand, war das Tal erfüllt von einem wunderbaren Gesang. Die drei Hirten waren noch geblendet von dem Licht, das der Engel ausgestrahlt hatte. Sie waren wie verzaubert und fanden sich nur mühsam zurecht.

»Wir müssen gehen«, sagte Romano, »der Weg ist weit.« Und Fabiano sagte: »Halt, halt. Wir sollten etwas mitnehmen, ein Geschenk oder so für das Kind und seine Mutter.«

Marco sagte: »Können wir überhaupt so gehen wie wir sind, in unserer Arbeitskleidung? Und ich glaube, wir riechen auch etwas streng.«

Die beiden Älteren sagten nichts. Sie gingen an den Brunnen, wuschen sich Hände und Gesicht, dann zogen sie sich in der Hütte um, ein frisches Hemd, eine saubere Hose.

Romano sagte: »Ich nehme einen Laib Käse mit.« Und Fabiano: »Ich ein Schaffell.«
Marco wollte dem Kind seine selbst geschnitzte Flöte schenken. Aber Fabiano sagte: »Hast du schon einmal ein Wickelkind flöten sehen?«
Darauf Marco kleinlaut: »Ich habe doch nichts anderes. Aber vielleicht kann der Vater dem Kind ein Lied spielen.«

Dann fiel Romano ein, dass sie nicht alle weggehen und die Schafe allein lassen konnten. »Eines unserer Schafe wird vermutlich ein Lamm werfen. Einer von uns muss dableiben.« So kam es, dass sich Romano

und Fabiano allein auf den Weg machten und Marco zurückblieb. »Du kannst morgen gehen«, sagten sie tröstend zu ihm, als sie gingen. »Dann können wir dir auch den Weg weisen.«
Über Marcos Gesicht liefen Tränen. Immer blieben die unangenehmen Sachen an ihm, dem Jüngsten, hängen.

Romano und Fabiano verschwanden am anderen Ende der großen Wiese. Er sah sie noch einmal auf der Brücke, dann waren sie verschwunden. Der Mond ging auf und versilberte die Welt. Dann schrie ein Schaf. Marco ging zu ihm. Er sah, dass das Tier Wehen hatte. Marco hielt seinen Kopf und strich über den wollenen Leib, um ihm zu helfen. Das Lamm kam zur Welt. Marco rieb es mit Stroh trocken und führte es an das Euter des Schafes, wo es trank. Das Schaf leckte sein Lamm. Marco sah den beiden noch eine Weile zu. Dann ging er in die Hütte und versuchte, sich wach zu halten. Am Tisch sitzend schlief er ein. Es war schon gegen Morgen, als Romano und Fabiano zurückkamen. Marco wurde wach. Dann erzählten sie ihm, wie sie das Kind gefunden hatten, das Kind und seine Mutter und seinen Vater. Arme Leute. Aber dass von dem Kind etwas ausging, das sie im Herzen bewegte, das sie verzauberte und das sie mit großer Liebe erfüllte. Der Mann und die Frau hatten dankbar den Käse und das Schaffell angenommen. Es seien wirklich arme Leute. Aber das Kind, das Kind sei einmalig. Sie hatten schon viele Kinder gesehen, aber noch nie so ein Kind. Es sei doch an diesem Abend erst zur Welt gekommen und trotzdem hätte es ihnen schon zugelacht und überhaupt, dass es ein solches Kind gäbe, das sei ein Wunder und unbegreiflich. Sie saßen noch lange. Sie machten noch eine Flasche Barbera auf und sie tranken auf das Kind, auf sein Wohl und das Wohl seiner Mutter. Dann gingen sie schlafen. Marco träumte, dass er wieder draußen war bei den Schafen, dass er wieder dem Schaf half, sein Lamm zur Welt zu bringen und da kam plötzlich das Kind in einer leuchtenden Wolke über die Wiese und sagte: »Danke, dass du dem Schaf geholfen hast, denn das, was man einem Schaf tut, das tut man für mich.«

Am anderen Tag ging Marco nach Bethlehem und brachte dem Kind seine Flöte. Als er an der Krippe stand, streckte das Kind sein Händchen aus und lächelte Marco an.

Badischer Sauerbraten mit Kartoffelklößen

Für die Beize

1 l trockener Rotwein
1/4 l Rotweinessig
1 Zwiebel mit Lorbeerblatt und 6 Nelken besteckt
2 Karotten
1 kleine Stange Lauch
1 Stück Sellerieknolle
schwarze Pfefferkörner

Für den Braten

1 kg Rindfleisch (Hüfte oder Schulter)
Butterschmalz
2 Scheiben Roggenbrot
Salz
Pfeffer aus der Mühle
Sauerrahm nach Belieben

Alle Zutaten in eine Schüssel geben und das Fleisch hineinlegen. An kühlem Ort, z.B. im Keller, zugedeckt 4 bis 5 Tage stehen lassen. Danach das Fleisch aus der Beize nehmen und gut abtrocknen. In einer Kasserolle von allen Seiten gut anbraten. Mit der Beize ablöschen. Zwei Roggenbrotscheiben zum Binden der Sauce dazugeben.

Bei kleinem Feuer den Braten 1 1/2 bis 2 Stunden schmoren lassen. Kocht die Sauce ein, mit Beize oder Fleischbrühe ergänzen. Wenn das Fleisch gar ist, herausnehmen und ruhen lassen.

Sauce durch ein Haarsieb passieren.

Mit Pfeffer und Salz abschmecken. Mit Sauerrahm nach Belieben verfeinern.

Kartoffelklöße

750 g am Vortag gekochte Kartoffeln
2 trockene Brötchen
40 g Butter
1 EL fein geschnittene Zwiebeln
1 EL fein gehackte Petersilie
2 Eier
1 EL Salz
Muskatnuss
3 – 4 EL Mehl

Kochwasser:

4 l Wasser
3 EL Salz

Kochwasser aufsetzen. Die geschälten Kartoffeln in eine Schüssel reiben. Die Brötchen würfelig schneiden und in Butter goldgelb rösten.

In der selben Butter Zwiebeln und Petersilie andünsten.

Brotwürfel, Zwiebeln, Petersilie, Eier, Salz und genügend Muskatnuss (gibt Seele) zu den Kartoffeln geben. Mit Mehl (im Herbst mehr, im Frühjahr weniger!) gut verkneten. Mit den mit Mehl bestäubten Händen Knödel formen und in das siedende, jedoch nicht kochende Salzwasser geben.

Die Knödel, die an der Oberfläche schwimmen, sind gar!

Zum Sauerbraten servieren.

Badischer Sauerbraten mit Kartoffelklößen

Badische Hechtklößchen

Für die Klößchen

250 g Hechtfleisch
2 Brötchen
ca. 1/4 l Milch
150 g Butter
4 Eier
Pfeffer aus der Mühle
Salz
Muskatnuss
fein gehackte Petersilie

Hechtfleisch vom Rückgrat aus wegschneiden. Mit der Pinzette alle Gräten entfernen. Brötchen mit der heißen Milch übergießen und einweichen lassen. Ausdrücken.

Hechtfleisch, Brötchen, Butter, Eier, Gewürze und Petersilie in den Mixer geben und eine homogene Masse herstellen.

Mit zwei Esslöffeln Klöße formen (etwas kleiner als Eier). In siedendem (nicht kochendem!) Salzwasser gar ziehen lassen.

Für die Sauce

etwa 250 g Hecht- oder andere Fischgräten auch Köpfe und Flossen
20 g Butter
2 EL in Streifen geschnittener Lauch
2 EL fein geschnittene Champignons
1 EL fein gehackte Petersilie
4 EL Weißwein (Silvaner oder Riesling)
1/2 l Wasser
3/8 l Sauerrahm
Salz
weißer Pfeffer
2 EL fein gehackter Dill

Die Gräten (Köpfe, Flossen etc.) zusammen mit Lauch, Champignons, Petersilie in Butter andünsten.

Mit Wein und Wasser ablöschen und 1/2 Stunde köcheln lassen. Durch ein Haarsieb passieren und auf etwa 1/4 l einkochen. Sauerrahm dazugeben. Mit Salz und Pfeffer abschmecken. Zum Schluss den Dill dazugeben. Die Klößchen in dieser Sauce anrichten.

Gekochten Reis dazu servieren.

Badische Hechtklößchen

Lummelbraten

750 g	*Rinderfilet (Lummel)*
	Butterschmalz
4	*Karotten*
3	*Schalotten*
125 g	*roher Schwarzwälder Schinken, in dünne Scheiben geschnitten*
1	*Lorbeerblatt*
2	*Nelken*
	schwarze Pfefferkörner
1/4 l	*Rotwein*
1/4 l	*Sauerrahm*

Butterschmalz in einer Bratpfanne erhitzen. Die halbierten Karotten und Schalotten, die Schinkenscheiben sowie die Gewürze darin andünsten. Wenn das Gemüse Farbe angenommen hat, mit dem Schinken und den Gewürzen aus dem Fett nehmen.

Im aromatisierten Fett das Lummelfleisch von allen Seiten anbraten. Hitze reduzieren.

Gemüse und Gewürze wieder in die Pfanne geben. Das Fleisch mit dem Schinken überdecken. Mit Rotwein ablöschen.

Die Schmorzeit danach bemessen, wie man das Fleisch haben will. Für rosa Fleisch (medium) den Braten nach 20 bis 30 Minuten herausnehmen.

Auf einem Brett ruhen lassen, damit der Saft im Fleisch stockt.

Fleisch in fingerdicke Scheiben schneiden und auf einer Platte mit Gemüse anrichten. Die Sauce mit Sauerrahm verfeinern und über das Fleisch gießen.

Nudeln passen dazu oder Kartoffelbrei.

Stichwortverzeichnis